ROBOT JOURNALISM
Can Human Journalism Survive?

人工智能时代，
新闻人会被取代吗？

[以色列] 诺姆·莱梅尔史萃克·拉塔尔 (Noam Lemelshtrich Latar) 主编

胡 钰 王一凡 译

清华大学出版社
北京

内容简介

本书重点研究人工智能时代机器人新闻发展的现状及相关问题,讨论人工智能和自动化程序对新闻制作、新闻发布以及媒体与消费者之间关系所带来的一系列变革,分析了人工智能的局限性为传统新闻带来的机遇和挑战,通过实证案例研究新技术时代新闻行业不同领域的叙事方式革新,探讨新兴的新闻报道形态以及人类新闻工作者如何顺应新一代媒体消费者的需求,充分利用人工智能和自动化技术,实现质的变化和发展。

北京市版权局著作权合同登记号:01-2020-0620

Robot Journalism—Can Human Journalism Survive?
Latar, Noam Lemelshtrich.
World Scientific Pablishing Co. Pte. Ltd.
ISBN 0-674-77307-1

Copyright © 2018 by World Scientific Publishing Co. Pte. Ltd. All rights reserved. This book, or parts thereof, may not be reproduced in any form or by any means, electronic or mechanical, including photocopying, recording or any information storage and retrieval system now known or to be invented, without written permission from the Publisher.
Simplified Chinese translation arranged with World Scientific Publishing Co. Pte Ltd., Singapore.

本书封面贴有清华大学出版社防伪标签,无标签者不得销售。
版权所有,侵权必究。举报:010-62782989,beiqinquan@tup.tsinghua.edu.cn。

图书在版编目(CIP)数据

人工智能时代,新闻人会被取代吗?/(以)诺姆·莱梅尔史萃克·拉塔尔主编;胡钰,王一凡译.—北京:清华大学出版社,2020.10(2022.3重印)
书名原文:Robot Journalism—Can Human Journalism Survive?
ISBN 978-7-302-56587-1

Ⅰ.①人… Ⅱ.①诺… ②胡… ③王… Ⅲ.①人工智能-应用-媒体(新闻)-研究 Ⅳ.①G21-39

中国版本图书馆CIP数据核字(2020)第187263号

责任编辑:周 菁
封面设计:Michael Later 常雪影
责任校对:王荣静
责任印制:杨 艳

出版发行:清华大学出版社
网　　址:http://www.tup.com.cn,http://www.wqbook.com
地　　址:北京清华大学学研大厦A座　　邮　编:100084
社 总 机:010-83470000　　邮　购:010-62786544
投稿与读者服务:010-62776969,c-service@tup.tsinghua.edu.cn
质量反馈:010-62772015,zhiliang@tup.tsinghua.edu.cn
印 装 者:三河市东方印刷有限公司
经　　销:全国新华书店
开　　本:170mm×240mm　　印 张:9.25　　字 数:151千字
版　　次:2020年11月第1版　　印 次:2022年3月第2次印刷
定　　价:88.00元

产品编号:084790-01

中文书序

诺姆·莱梅尔史萃克·拉塔尔

本书的诞生是为庆祝多年来人类在新闻业领域取得了相对于机器人的胜利。全球顶级科学家、技术先驱如斯蒂芬·霍金、丹尼尔·卡尼曼(2002年诺贝尔经济学奖获得者)以及伊隆·马斯克等,都曾同意谷歌技术总监雷·库兹韦尔的预测——到2029年机器人将能够做我们人类能做的任何事,甚至做得更好。从1955年AI诞生之初起,AI创始者就曾预言,几年后机器人将超越我们人类。将近70年后再度审视,我们知道AI创始者对人类心理和精神的理解过于狭义,这一预判并不准确。机器人可以像人类一样自由活动和思考的"通用人工智能"(AGI)时代还远未到来。

在这本书中,我主张人类精神(我们的生物大脑)优于机器人(人工大脑)的观点,这是基于计算机硬件结构在可预见的将来不会改变的事实做出的判断。计算机硬件由称为"逻辑门"的简单二进制电子电路组成,这些逻辑电路本质上是以理性的方式处理信息。书中提供的研究证据表明,人类的创造才能通常是通过非理性思维和自由交流而产生的。这些远远超出了目前机器人的能力。全球一流的思想、语言、认知和人工智能学者约翰·塞尔教授(John Searle)称:"数字计算机仅根据程序规则来处理代码……不足以获得认知、感知、理解和思考……处理各类代码时不包含任何含义……代码具有的唯一功能……是在机器运行时引导程序进行下一步操作的功能"(本书第2章)。

非常感谢胡钰教授将本书译成中文,为中国的新闻学者和学生了解以色列人对AI时代人类新闻事业的未来思考打开了一个广阔的交流窗口。人工智能算法、机器人已开始取代人类记者甚至人类新闻编辑,人类新闻业的未来变得不确定,这就是这本书所探讨的核心问题:人工智能时代,新闻人会被取代吗?

胡钰教授在译者序中抓住了这一难题的实质。与大多数其他专业不同，新闻业需要通过遵循专业和道德标准向公众传递社会现实并引导公众判断，所肩负的责任重大，没有机器人能够完成这一重要任务，尽管虚拟现实（VR）和增强现实（AR）等新技术可以使媒体消费者"沉浸"式获取新闻信息。全球范围内的年轻一代都渴望以这种全新方式来体验新闻。然而，研究表明沉浸式新闻的创建需要深邃的人性思想，极高水平的创造力和极为关键的社会责任感。沉浸式新闻对公众的认知影响深远，新的沉浸式叙述还使媒体消费者可以从多个角度体验给定的事件和场景，这是新闻业的实质性突破。幸运的是，这些身临其境的新闻讲述技巧已经超出了当前 AI 算法的功能。

目前，在我们周围有数十亿个传感器对人类行为进行观察，人工智能算法在分析这些数据方面确实展现出前所未有的能力，它极大地增强了人类活动所产生的集体智慧。这些数据洞察的优势在于，它们来自于人们的真实行为，而非在回答调查时所说的套话。

承认人类新闻工作者的思想优于其竞争对手——机器人，并不能减少人类新闻工作者职业生存所面临的竞争风险。机器人新闻具有绝对的经济优势，包括中国在内的全球许多媒体公司都开始采用算法来编写新闻。人工智能和新技术确实给人类新闻工作者提供了很好的工具，但是新闻人必须意识到这将成为未来的一种新生态，并需要熟悉不断被发明的新工具。如果人类新闻工作者希望赢得与机器人对决的胜利，就必须要善于利用这些工具，新闻将继续由人类来主导对于我们的生活品质而言非常重要。

非常感谢胡钰教授及其博士研究生王一凡女士将这本书介绍并引进中国。在 AI 开发及其人类活动领域应用方面，中国是公认的世界引领者之一。我希望这本书能够为中国和以色列的新闻传播学学者和学生带来开放、生动的思想交流。

Preface

Noam Lemelshtrich Latar

    This book was written to celebrate the superiority of the human spirit over the Robots in years to come with a special focus on Journalism. Top scientists and global technological leaders such as Ray Kurzweil of Google, the late Stephen Hawking, 2002 Nobel Laureate in economics Daniel Kahneman and Elon Musk, among others, agreed with Ray Kurzweil's prediction that by 2029, Robots will be able to do whatever we humans can do-only better. From the dawn of AI in 1955, the founding fathers of AI predicted that in few years, Robots will become superior to us humans. Now, almost 70 years later, we know that these founding fathers of AI were poor predictors with narrow understanding of human psyche and spirit. The stage in the development of AI where Robots can fully act and think as humans, described in the literature as "General Artificial Intelligence" (AGI), is far away.

    In the book, my argument in favor of the superiority of the human spirit (our biological brain) over the robots (the artificial brain) is based on the present structure of the computer hardware which is not expected to change in the foreseeable future. The computer hardware consists of combinations of simple binary electronic circuits call "logic gates" which by their nature, process information in a rational manner. Research evidence is provided in the book shows that creative genius of humans result frequently from irrational thinking and free associations. These are beyond the capabilities of the Robots. Professor John Searle, a leading global philosopher of thought, language, cognition and AI claimed: "Digital computers merely manipulate formal symbols according to the rules of the program... not enough to guarantee cognition, perception, understanding and thinking... the symbols are manipulated without reference to any meaning... the only power that symbols have... is the power to cause the next step of the program when the machine is running" (Chapter 2 of the book).

I am deeply grateful to Professor Hu Yu who chose to translate the book to Chinese which opens a wide window for the Chinese scholars and students of journalism to become familiar with our Israeli thinking about the future of human journalism in the age of AI. AI algorithms, robots, are starting to replace human journalists and even human news editors. The future of human journalism has become uncertain. This led to the book title: **Robot Journalism: Can Human Journalism survive**?

Professor Hu Yu in his important and comprehensive preface captured the essence of this dilemma. Journalism—different from most other professions—have the important responsibility to allow the public to understand their social reality through creative narratives which must follow professional and ethical standards. No Robot can fulfil this most important task. New technologies such as Virtual Reality (VR) and Augmented Reality (AR) allow to "immerse" the media consumers into the stories. Young generations worldwide desire to experience the news in such new ways. The creation of immersive journalism stories requires deep human understanding, high level creativity and most important—social responsibility as these stories, research shows, are quite effective in changing human cognition. The new immersive narratives also allow media consumers to experience a given situation from several perspectives, a real breakthrough in journalism.

Fortunately, these immersive story telling techniques are beyond the current capabilities of AI algorithms.

AI algorithms do have the unprecedented ability to analyze huge amounts of data collected by billions of sensors all around us in order to discover new social insights that can greatly augment our collective human intelligence in all fields of human activity. The advantage of these insights is that they are derived from monitoring what people actually do than from what they say when answering surveys—the traditional tools of social science research.

Acknowledging the superiority of the human journalists' spirit over their robot rivals does not reduce the risk to the survival of the human journalist profession. There are definite economic advantages to Robot Journalists and many media companies around the globe, including in China, are beginning to employ algorithms to write the stories and let go human journalists. AI and new technologies do provide great tools to augment human journalists in their work. But they must be aware of this new eco system and be familiar with the new tools which are continuously being invented. The human journalists must make use of these tools if they wish to win the battle with their robots rivals. It is most important for the quality of our lives that journalism will continue to be done by humans.

I am very grateful to Professor Hu Yu and his doctoral assistance Ms. Wang Yifan for the exposure of the book to the great Chinese people. China is well recognized as one of the top world leaders in the development of AI and its applications to all human fields of activity. I hope that the book will lead to an open and live exchange of ideas between Chinese and Israeli scholars and students of journalism and communications.

译者序

取代与赋能

人工智能给新闻业带来了什么？

胡钰

清华大学新闻传播学院教授

进入人工智能时代，电脑可否基本实现人脑的功能？人工智能可否完全超越人类智能？机器人的工作岗位可否全面取代人类的工作岗位？这些问题始终在科技领域、社会领域存在两种不同答案。对于新闻业来说，当越来越多的机器人记者写作新闻稿件时，当越来越多的机器人编辑推送新闻链接时，一个受到关注的趋势是：随着技术进步，未来人工智能新闻业可否取代人类新闻业？或者更准确地说，在多大程度上可以取代人类新闻业？

新闻活动是人类收集信息、加工信息、发布信息以监测环境、塑造环境的专门行为，人工智能新闻业的出现得益于深度学习、神经网络、算法开发、自动化技术等的发展，新技术特别是数据技术介入新闻活动的比重越来越大。对新闻业来说，数据技术的发展与应用突出体现在：一是数据采集技术，在数字化和网络化条件下，通过大规模分布的传感器，人类的数字痕迹普遍存在并可方便获得，成为新闻内容的重要来源；二是数据挖掘技术，面对海量数据、音视频数据、复杂数据，通过各种算法开发，自动标记媒体内容，对数据的快速分析和深度分析成为可能，成为新闻事实的形成工具；三是数据呈现技术，通过可视化呈现技术、写作算法技术以及基于虚拟现实、增强现实的沉浸体验技术，人工智能可以自动将数据转换为可读性、可视性的新闻叙事，成为新闻报道的生产方式。

知识、数据、算法与算力共同成为人工智能发展的基础要素，推动人类社会迅速进入人工智能时代，对包括新闻活动在内的人类活动产生的影响越来越大。**进入人工智能时代，从新闻传播行为看，传播主体从专业化到大众化再到机器化，传播动机从事实呈现到社交体现再到价值实现。**

从计算机辅助新闻到数字新闻再到机器人新闻，新技术在新闻业中的驱动性越来越强。自 20 世纪 50 年代起，随着计算机技术的发展，新闻业中开始使用计算机来获取和分析报道背景。随着数据挖掘技术的进步，记者从大量数据中挖掘隐藏的报道线索，进行趋势分析。有记者分析了《纽约时报》150 年内的报道和相关数据，发现在贫困地区如果某年气候干旱而次年洪水泛滥，该地区就有较高概率爆发瘟疫，其写成的文章具有相当的预测性。

机器人新闻则是更加自动化的新闻活动，在没有人类记者参与的条件下自动进行信息检索、分析并生成新闻报道。"机器人新闻"（Robot Journalism）起初从新闻聚合类平台依托算法的新闻编辑活动兴起，2002 年谷歌公司为其产品"谷歌新闻服务"（Google News Service）开发了机器人编辑器，这种算法可在数千个新闻网站上获取数据进行分析，自动筛选出网站的头条新闻和主页上显示的相关新闻链接。之后，2010 年有美国研究团队开始进行机器新闻写作的商业化项目，通过数据分析和故事转换，可以把输入的体育赛事统计数据自动转化为可读性的新闻故事。随着研究的进展，研究者逐步致力于创建更深入、更细致的分析工具，采用更具表现力、更细腻的修辞乃至隐喻等手法来提高报道质量。

更有趣的是，2007 年东京大学的研究团队创造了 3D 机器人记者，能够像人类记者一样在人群中活动，其算法可以实现自主探索、记录新闻、生成文章的功能。该机器人可以在现实世界中获取信息，将信息传给"新闻分类器"，根据信息的稀缺性和相关性来计算"新闻分值"，如果分值足够高就会由"文章生成器"自动生成报道。这种远程呈现机器人的出现让机器人新闻活动更加生动，更加具有取代人类新闻活动的能力。

机器人新闻活动早期应用在体育新闻领域，后进入金融新闻领域，并且迅速在各个领域的新闻报道中得到应用。美联社每个季度都会发布上千篇由机器人写的新闻稿件，《纽约时报》面对新闻业转型的态度明确而简单："雇佣更多的工程师。"

机器人记者的出现为特殊领域的新闻报道提供了极大的支撑，最突出的报道类型就是战争新闻报道、恐怖事件新闻报道、极端环境新闻报道等。这种远程呈现机器人可以通过笔记本电脑或手机进行操作，采用四轮驱动，配置太阳能和GPS导航，也可以进行现场采访。与此同时，无人机新闻也逐渐登上舞台，无人机记者专业协会（Professional Society of Drone Journalists）也在2011年成立。

与人类记者编辑相比，人工智能新闻技术的自动化、高效率、数据处理水平、长时间工作能力与工作条件无限制等特点，使得其具有无可比拟的优势。事实上，机器人代理、机器人编辑、机器人文章合成器等正在逐渐取代传统人类记者编辑的角色。由此看来，<u>无怪乎当下的新闻机构越来越多地招聘数据工程师、新媒体运营者，无怪乎传统的文科主导型新闻教育培养的人才显得单薄而缺乏竞争力，无怪乎悲观主义者认为传统新闻人会被机器新闻人取代</u>。

在大规模使用人工智能新闻技术的同时，机器人新闻活动的问题性、局限性逐渐显露，使得其无法满足人类对新闻活动的完整需求。特别是算法的偏见与不透明，社交机器人干扰政治议题影响决策与选举等现象，愈发受到诟病。人们越发意识到，必须由专业新闻人担任监护人才能让机器人新闻活动更好地发挥作用。

机器人新闻活动的不足集中体现在四个方面：<u>一是共情力不足</u>，有感染力的新闻作品要能够反映人类的生动情感，而机器人显然缺乏体验复杂人类情感的能力；<u>二是调查力不足</u>，好的深度报道、调查性报道需要报道者深入复杂的社会现实，揭示、复原其背后的故事，而机器人显然缺乏自主融入社会与不同对象沟通挖掘信息的能力；<u>三是创造力不足</u>，人工智能在处理有序复杂问题上的理性能力超群，但在处理直觉、联想等非理性问题上的能力有限，后者是决定创造力的主要因素，换言之，机器人智商甚高，但无法超出设计者规定的阈值，因而也无法期待机器人记者会写出从未见过的创意报道；**四是思想力不足**，新闻活动不仅是对社会现实的记录，还要承担对社会舆论的引导和社会现实的建构，后者主要通过报道角度选择、新闻评论等思想性内容来体现，但是机器人显然无法实现这种由价值观与知识、经验紧密互动来驱动的新闻写作。

机器人新闻活动的不足正是未来人类新闻活动的机遇与方向。**面对人工智能新闻业的崛起，与之展开合作而不是竞争，才是人类新闻业的正确选择**。事实上，密切把握人工智能新闻技术的进展，最大限度地使用机器人记者编辑完成重复性、机械性、危险性及各种可能的前期工作，可以最大限度地解放人类记者编辑，可以推动人类新闻业在新技术条件下获得前所未有的赋能与发展。

为了与机器人记者竞争，人类记者必须学会"与众不同地思考与表达"。这个"众"，既包括人类同行，也包括机器人同行。这个"与众不同"，既是一种倒逼，也是一种赋能。

要写出更具思想性来引领发展的新闻报道。高明的机器人可以重复高级的棋法，但无法理解高级的哲学。这是由人工智能算法对人类自然语言理解能力的限制和人类现实生活的多变性、情感性而非机械性决定的。在对复杂问题非线性发展的把握与人类发展突发性挑战的预测上，人工智能无法与人类智能相比，因而人类记者的优势在于锤炼自己的思考，针对现实的对象与问题，写出具有引领力量的报道。

要写出更具人情味来温暖社会的新闻报道。人工智能研究者认为尽可能用机器人取代人类进行决策的好处在于，算法可以避免"噪音"，可以高度理性，可以非常精确，但这恰恰忽视了人性的独特所在，事实上，**有了"噪音"才会有惊喜幽默，有了感性才会有感同身受。更好地顺应人性、展现人性、共鸣人性，正是人类记者超越机器人记者的不二法门。**

要写出更具创意性来吸引大众的新闻报道。在信息过载的当代社会，公众特别是"Z世代"出生的公众对新闻报道形式的要求越来越高，要求更少的文本、更多的视觉、更强的趣味、更好的互动。针对这些新需求，人类记者可以集成包括虚拟现实、增强现实在内的新沉浸式技术，建设新互动平台，创造出狭义的人工智能无法创造出的新型新闻叙事，实现新技术与新应用的紧密融合。

以色列学者诺姆·拉塔尔认为："新闻是艺术和科学的结合。新闻工作的艺术性表现在发现创作新思路，寻找报道新视角，探索问题新方案，开辟娱乐新途径。

新闻工作的科学性体现在使用各种分析工具，根据记录和储存人类活动的数据来支持并加工信息。"事实上，在新闻工作中，科学性的工作可以由机器人新闻活动完成，而艺术性的工作就必须依靠人类新闻活动。

在这个科技驱动发展的时代，人类要明确科技应用的边界与规则。技术的先进性越强，人类对技术的依赖性就会越强。但是，缺乏人文精神，只问"有无科学依据"，不问"有无人文关怀"，人在科技的创造中就会被异化、边缘化、原子化。没有人文感的人工智能只是机器智能不是人类智能，甚至只能降低人类整体的智能水平。

无论何时，不论对新闻业，还是对所有行业，人文管方向，科技管方法，都是必需的。

2018年，本书译者访问了以色列赫兹利亚跨学科研究中心，见到了诺姆·拉塔尔教授及本书的多位作者，听了他们所作的系统介绍，参观了他们的实验室，并进行了讨论。诺姆·拉塔尔的热情与专业给我留下了深刻印象。当时，诺姆·拉塔尔专门赠送了《人工智能时代，新闻人会被取代吗？》一书，希望加强与中国新闻学界的交流。这本书体现了以色列学者们对人工智能时代新闻业发展的思考，书中记述的一些案例在该中心的实验室里也有展示。记得当天参观时体验虚拟现实技术，看到了一名怀孕的巴勒斯坦妇女在丈夫陪同下去医院路上遇到两名以色列士兵的场景，我可以从巴勒斯坦夫妇、以色列士兵和"中立方"的三个角度来观看这一场景，那种身临其境的沉浸感与不同视角下同一场景的差异性令人印象深刻。这为我们理解新闻事实、新闻真实性与客观性等新闻理论核心问题提供了生动的案例。

感谢清华大学新闻与传播学院博士生王一凡积极推动这本书的版权引入并投入到翻译过程，感谢以色列赫兹利亚跨学科研究中心欣然同意提供本书中文版版权，感谢清华大学出版社的支持，正是因为有了大家的努力，才有了这本书中文版的问世。

期待这本书能够为蓬勃发展的中国新闻业和新闻学提供新鲜的视角和思考。

前　　言

随着自动化与智能化深入传统新闻业,人工智能正悄然改变着新闻传媒行业中的调研、内容制作和新闻发布等环节。在这些领域,过去人类所发挥的部分作用正逐渐被自动化程序和机器人所取代。

传媒公司开始"雇用"更多的机器人记者,它们通过分析庞大而繁杂的数据资源以发现潜在趋势并洞见未来,还能在没有人类参与下撰写新闻报道。以机器人为代表的人工智能背后所隐含的巨大经济效益有望对传媒公司股东产生巨大的吸引力。

不可否认的是,将人工智能和机器人引入诸如新闻调查和报道等传统新闻传播环节之中,会对新闻传媒行业中人类就业及其发挥民主卫士作用构成严重威胁。然而,人工智能的局限性也为人类记者带来新的机遇,促使其不断发展以顺应时代,与机器人展开竞争。事实上,如果人类记者能真正理解人工智能的局限性,他们不但不会被取代反而因其所长。为顺应新一代媒体消费者的需求,新媒体技术和应用不断改变新闻报道的内涵与形式,这种新型技术和应用混合体的新闻报道有望超越人工智能技术和机器人记者。

本书包括两个部分:第一部分聚焦人工智能和新兴领域机器人新闻业,以及人工智能局限性为传统新闻人带来的机遇和挑战;第二部分是案例研究,内容包括在新技术应用和人工智能辅助下,传统新闻业人员如何大放异彩。尽管这本书的重点是新闻传媒行业,但本书所论证的内容和主要结论皆与内容创造者相关,如广告行业的专业人士——他们是新闻传媒业的中流砥柱。

关于作者

诺姆·莱梅尔史萃克·拉塔尔（Noam Lemelshtrich Latar），以色列人。以色列赫兹利亚跨学科研究中心（以色列首家私立大学）通信学院的创始院长，2009年至2012年曾担任以色列传播协会（ISCA）主席。通信学院开创性地利用尖端通信技术，在实验室中将新闻、机器人、虚拟现实、增强现实艺术和冲突解决结合起来。拉塔尔毕业于美国加州州立大学北岭分校并获得工学学士学位，1971年于美国斯坦福大学获得理学硕士学位，1974年在麻省理工学院获得传播学博士学位。

作为麻省理工学院社区对话项目（Community Dialogue Project）的创始人之一，拉塔尔成功实现通过电子手段进行社区互动交流的实验。论文发表方面，拉塔尔率先发表了在互动电视触摸屏反馈、新媒体和控制论决策、数字身份（社会DNA）和新闻业人工智能机器人等领域的论文。

拉塔尔不仅在耶路撒冷希伯来大学和特拉维夫大学启动了新媒体的教学和研究，还亲身参与到以色列高科技产业发展中，建立了若干认知增强领域的通信初创公司，通过采用计算机算法和大数据挖掘和建立数字消费者档案。

拉塔尔同时还是丹尼尔珀尔国际新闻学院（Daniel Pearl International Journalism Institute）院长。其目前研究领域主要包括人工智能对媒体和新闻的影响，以及艺术在跨文化对话中的潜力。

阿米尔·拉斯金（Amir Ruskin），以色列人。阿米尔兴趣爱好广泛，学识渊博，是信息技术分析及战略研究领域的专家学者。从商业智能到人工智能数据分析领域，阿米尔实战经验丰富，先后在以色列和欧洲的大型项目中得到历练。

阿米尔领导参与诸多与决策流程、绩效管理和事实管理相关的组织变革。成就包括：建立以色列中央银行信息和统计部、泰华制药全球信息中心，对以色列和欧洲（例如法国航空、德士古、以色列工人银行）及新兴经济体的全球高科技公司进行改革。

阿米尔积极参与以色列的国家创新，作为2000年HyperRoll公司（2009年被甲骨文收购）的联合创始人又成为Shoodoo Analytics公司联合创始人，该公司已成为国家孵化器项目，由以色列国家创新局资助。

阿米尔毕业于以色列国防军计算机科学学院（Mamram），拥有计算机科学、经济学和人力资源学士学位，同时也是一名有资历认证的优秀调解员。

多伦·弗里德曼（Doron Friedman），博士，现为萨米奥弗通讯学院教授和高级现实实验室负责人。在特拉维夫大学攻读博士期间，弗里德曼博士主要研究在虚拟环境下的自动摄影。之后他在伦敦大学学院的虚拟环境与图形实验室开展博士后工作，博士后期间主要研究通过使用脑机接口如何控制高度浸入式虚拟现实的研究工作。除了学术研究外，弗里德曼亲历业界，其发明创造已成为若干专利和商业产品的基础。

2008年以来，弗里德曼博士及其实验室成员参与了远程呈现、虚拟现实和高级人机界面领域多个国际项目。他的研究领域跨多学科交叉，在顶级科学期刊和同行评议会议上发表多篇文章，包括《人工智能》《人机交互》《神经工程学报》《神经科学学报》和《美国国家科学院院报》。此外弗里德曼博士实验室的研究还常被CNN、BBC、新科学家、国家地理和科学美国人等多家媒体报道。

关于作者　17

坎迪丝·科岑（Candice Kotzen），弗里德曼博士的研究助理，毕业于赫兹利亚跨学科研究中心的萨米奥弗通讯学院，主要研究领域为互动传播。科岑女士目前在特拉维夫大学鲍勃沙佩尔社会工作学院攻读艺术硕士学位，研究创伤和创伤危机。

加莉·安纳夫（Gali Einav）博士，为赫兹利亚跨学科研究中心阿德尔森创业学院创业微轨道项目负责人。博士毕业于哥伦比亚大学互动电视专业，2008年以来在赫兹利亚跨学科研究中心担任数字媒体兼职教授，2016年于叶史瓦大学教授市场营销专业硕士课程。

安纳夫博士研究领域为数字化转型对媒体行业和消费者行为的影响。同时作为尼尔森早期投资部门尼尔森创新顾问委员会成员。她曾在 Canoe Ventures 的业务规划和开发团队中工作，该公司是美国有线电视运营商联合企业，主要为电视直播开发互动广告格式。此前，安纳夫博士还曾担任 NBC 环球公司数字洞察与创新研究小组的负责人，负责监督数字化平台战略、商业和消费者研究。

纳森·利普森（Nathan Lipson），是初创公司 Perpetix 的创始人兼首席执行官，该公司建立了全球首个出版商对出版商的联合网络。在此前的近十七年间，一直担任以色列商业出版物 *The Marker* 的记者和编辑，为刊物撰写评论。利普森还曾任以色列银行研究部研究员。

纳森拥有耶路撒冷希伯来大学的经济学和国际关系学士学位以及特拉维夫大学工商管理学硕士学位，曾与人合著发表新闻技术论文，其主要兴趣领域为互联网、媒体和新技术。

亚伊尔·加利利（Yair Galily），博士，应用社会学家、大众传媒和管理学研究员、赫兹利亚跨学科研究中心体育、媒体、社会（SMS）研究实验室的创始人。其兴趣领域为体育社会学领域，尤其是体育和大众传媒。

致　　谢

首先我要感谢在各自章节中贡献了时间、知识和见解的诸位作者。我还要感谢我在当地的以色列语和技术编辑勒妮·霍克曼(Renee Hochman)女士和萨拉·列维(Sara Levi)女士的帮助。感谢我的儿子迈克尔·拉塔尔(Michael Latar)帮助设计此书封面。

特别感谢世界科技出版公司团队在本书出版过程中给予的关心、热情和高效支持。

目　　录

第一部分　人工智能和新闻

第 1 章　概述　3
诺姆·莱梅尔史莘克·拉塔尔

第 2 章　人工智能的边界新机会？　11
诺姆·莱梅尔史莘克·拉塔尔

第 3 章　机器人新闻　28
诺姆·莱梅尔史莘克·拉塔尔

第 4 章　大数据和高级分析　40
阿米尔·拉斯金

第 5 章　自动新闻编辑室　52
诺姆·莱梅尔史莘克·拉塔尔

第二部分　人工智能时代的新闻报道

第 6 章　新型新闻：数字时代的故事叙述　65
加莉·安纳夫，纳森·利普森

第 7 章　沉浸式新闻：新的叙述方式　77
多伦·弗里德曼，坎迪丝·科岑

第 8 章　冲突地区的新型新闻报道　90
诺姆·莱梅尔史莘克·拉塔尔

第 9 章　进化、革命、还是游戏规则改变者？人工智能和体育新闻　　99
　　　　　亚伊尔·加利利

第 10 章　人工智能时代：政府决策的控制论与新型报道　　110
　　　　　诺姆·莱梅尔史苹克·拉塔尔

第 11 章　结语　　120
　　　　　诺姆·莱梅尔史苹克·拉塔尔

第一部分

人工智能和新闻

第 1 章 概 述

诺姆·莱梅尔史萃克·拉塔尔

人工智能、智能算法、自动化程序已渗透到人类交流和组织的方方面面,极大地改变了媒体平台以及媒体与消费者之间的关系。人工智能和自动化的快速发展可能会带来全球性隐患——人类失业危机。根据预测,目前人类工作中有近50%行业存在潜在失业危机(Rainie and Anderson,2017)。本书主要关注在人工智能和自动化背景下,人类新闻业的未来。传统人类新闻业式微,不仅不利于民主社会进步和发展,甚至使民主社会的生存也岌岌可危。此外内容生产者也是本书关注对象,相较其他群体,他们对人工智能持乐观态度。

人工智能通常被定义为生产出一种新的能与人类智能相似的方式做出反应的智能机器的科学(McCarthy et al.,1955)。当下人工智能算法已被应用于人类新闻活动的各个方面,如采集数据、数据分析以提出新见解、发掘新趋势、撰写新闻报道等。在当前万物互联时代,传感器无处不在,采集个人隐私与信息随处可见。"尤其随着智能手机的普及与应用,信息监控无孔不入,人类日常生活运动轨迹和手机网上活动隐匿纳入数据仓库之中。"

数据仓库中存储的信息量与日俱增,人工智能工程师加大马力编写新的算法程序,将大数据为我所用、洞见未来。2014年,全球顶尖大数据和人工智能专家阿莱克斯·彭特兰(Alex Pentland)教授认为当下趋势是"社会物理学"新领域之晨光。彭特兰认为,如同我们通过研究原子来研究物理学一样,人类每一项活动留下的数字痕迹使研究人类本性成为可能。我们可以通过亿万人的实际行动而非语言观点,动态地研究人性。

当今世界,传感器星罗棋布构建起亿万人类数字档案,即社会DNA(Lemelshtrich Latar,2004)。在DNA分析成本显著降低的趋势下(预计在不久的将来会低于100美元)(Keshavan,2017),包括网络行为数字痕迹、行为记录和遗传图谱在内的数字档案可用性大大增强。

为了分析数据仓库,人工智能工程师开发出各种算法,即为数据分析工具。如今面对容纳可视化信息的海量数据,凭借其在所有平台上自动标记媒体内容(如文字、图片、声音和视频等)的优势,数据分析工具的分析效率和能力大大增强(Lemelshtrich Latar and Nordfors,2009)。

人工智能渗透到人类新闻领域的另一重大进展是可自动将数据转换为新闻叙事的算法。这种算法由美国的叙述科学公司(Narrative Science)和自动洞察公司(Automated Insights)率先研发。目前全球已有12家公司(Graefe,2016)正着手开发人工智能叙事写作算法或"机器人记者"(Lemelshtrich Latar,2015)。机器人新闻萌芽于体育领域,后拓展至金融领域,而今机器人新闻已在人类新闻活动领域遍地开花。叙述科学公司的克里斯蒂安·哈蒙德(Kristian Hammond)声称,他的机器人可以根据个人客户数字档案调整新闻中故事的整体基调(Carter,2013)。传统新闻业使用机器人并不罕见,美联社每个季度均会发布上千篇由机器人撰写的新闻故事。如同机器人记者开发者所言,机器人记者出现的目的并非取代人类,而是协助其撰写新闻报道。但人们仍然担心一旦传媒公司为其股东寻求更高效率和投资回报率,高效且经济适用的人工算法终将会取代人类记者。数字化转型加速变革传统新闻传媒行业,正如《纽约时报》(*The New York Times*)出版人阿瑟·苏兹贝格(Arthur Sulzberger)所接受问答时透露的:"数字化转型过程中会雇佣更多的工程师。"

人工智能领域的创新将使全自动新闻编辑室成为可能。这意味着机器人将会取代编辑、记者和营销人员等关键人类角色。雷·库兹韦尔(Ray Kurzweil)是发明家和谷歌首席未来学家,他预计 2029 年计算机将能够做我们人类能做的任何事情,而且做得更好(Levy,2013)。2002 年诺贝尔经济学奖得主丹尼尔·卡内曼(Daniel Kahneman)认同库兹韦尔的观点:"(机器人时代全面到来后)还会有事情留给人类去做吗?坦白讲我认为没有任何理由限制他们(机器人)的能力。人类大脑是一台很棒的计算机,虽然它是肉做的。其内里充满噪音但却可以多程处理。然而尽管人脑非常高效,但此外并无玄妙可言。所以很难想象倘若拥有足够多的数据还会有只有人类才能做的事情。"(Kahneman,2017)。这一推断放诸新闻领域是否适用?此为本书核心问题。如果库兹韦尔和卡内曼所言正确,传统新闻业可能将不复存在。

探索人工智能的局限性或许可以解答这一问题,或许这些局限性的存在恰是开启人类新闻业新大门的密匙。

人工智能出现 70 多年以来,早在 20 世纪 50 年代和 60 年代初,人工智能之父约翰·麦卡锡(John McCarty)、赫伯特·西蒙(Herbert Simon)和马文·明斯基(Marvin Minsky)以及后代继承者,做出预言,他们认为人工智能的所有问题将在 20 年内得到解决。然而 70 年后的今天,尽管深度学习和神经网络在近期取得重要突破,但人们深知人类大脑远比我们想象中复杂(Knight,2016)。

另一种认识反对库兹韦尔和卡内曼等人的人工智能预测——人工大脑最终将在所有活动领域超过人类大脑。首席语言学家、人工智能哲学家约翰·塞尔(John Searle)认为,由电子硬件组成的人工大脑永远无法完全模拟人脑的生物活动。塞尔认为:人工智能算法可以指导计算机进行简单的电子活动,但是计算机算法无法培养情感(Searle,2013)。创造力和人工智能领域领军人物玛格丽特·博登(Margaret Boden)研究了人工智能的潜在创造力,他认为在可预见的未来,人工大脑无法达到人脑所能达到的最高创造力水平。她认为,当算法能够对超出算法创建者所定义的概念空间进行概念空间转换时,便是算法所达到的最高水平创造力

(转换性创造力)(Boden,2004)。

创造力和人类思维的著名学者南希·安德烈亚森(Nancy Andreasen)认为,面对包括创造力在内的任务,人工智能算法所代表的高智商在具体应用中受限:即超出一定的智商后,天才的创造力已和智商没有直接关系,这是因为最高水平的创造力往往发生在大脑自由联想和非理性思维的过程中(Andreasen,2014)。相比之下,目前的人工智能算法基于理性决策过程处理信息:人工"神经元"只有在信息不确定性减少的情况下,才会将信息传递给其他"神经元"。

如果我们认同塞尔、博登和安德烈亚森等人的看法:现阶段在高创造力领域中人类大脑比电子硬件和人工神经网络结构更具备优势。这对人类记者无疑是利好消息。

人工智能算法的另一个局限性是,它们只在预先定义的概念空间内进行分析,却无法从应用于其他领域的算法中获益,这是人工智能研究被称为狭义人工智能或弱人工智能的主因。目前还没有能够跨越独立人工智能领域进行集成的人工智能算法(如"通用人工智能"),而未来是否能够克服尚不可预计(Dickson,2017)。我们不可预测是否会出现强于人脑的"超级人工智能"(机器大脑),更不可知它所触发的、如库兹韦尔所说的"奇点时代"是否会来临。

不断变化的新闻故事"架构"本质和不同年龄群体的消费者媒体购买行为是关乎传统人类新闻业赖以生存的另一重要发展。例如,"Z 世代"群体(指 1996 年后出生的人)偏好简洁文本、重视视觉内容和更多交互性需求。为满足"Z 世代"群体,创新叙事模式涉及新平台与新沉浸式技术(如虚拟现实 VR 和增强现实 AR)集合体,以及创新可使消费者身临其境的动态应用程序。目前狭义的人工智能技术尚且无法满足消费者对技术与应用融合的新需求。尽管通用人工智能的实现会改变现状,但这种概率极低,因此有且只有人类记者能够适应新型需求下的新闻叙事技术。

本书分为两个部分:第一部分专门讨论人工智能机器人新闻业及其相关问题;第二部分主要阐述新技术时代新闻行业不同领域的叙事方式,通过实证案例方式阐述在人工智能和自动化条件下,人类新闻工作者如何实现质的变化和发展。

本书特设第 1 章,目的是从系统角度分析人工智能,人工智能无孔不入甚至渗透到管理组织当中,尤其对于在日常活动中可生成大量数据并将自动化程序融入决策过程的组织而言,不加思考引入人工智能算法关乎是非存亡。因此人类记者应该真正意识到人工智能时代下的机遇与挑战,并在人工智能算法对管理组织和整个社会造成危机时积极纠正。

第 2 章专门讨论人工智能,诸如深度学习、神经网络、奇点以及近期科学家模仿人脑的科学实验相关介绍。阐述了两大思想流派关于未来人工大脑能否取代人脑的不同见解,并厘清"狭义人工智能""通用人工智能"和"超级人工智能"等概念,以及自然语言处理障碍或自然语言处理项目障碍。本章具体阐述了人工智能的局限性,尤其关注创造力、直觉和非理性及其为人类新闻业带来的新机遇。

第 3 章有关数据自动转换成叙事程序的最新进展,学术界称之为机器人新闻。机器人新闻始于 2010 年,如今已成为时下投资热点。在全球领先经济体中,已有 12 家公司具备在没有人工参与情况下将数据自动转换为新闻报道的能力,这些公司中有数百万个内容单元转由机器人制作,并最终用于新闻频道和广告。其大力发展机器人新闻的终极目标是通过人工智能和自动化程序分析、处理数字档案以精确匹配消费者需求。

第 4 章介绍了大数据、数据挖掘、数据分析工具、云革命、分析即服务(AaaS)、数据货币化,以及社交、本地化、移动(SoLoMo)等概念。在调查性新闻中使用数据分析工具是人类新闻工作者在人工智能时代脱颖而出的重要条件。本章重点描述各种数据分析工具,阐释了目前可用的各种工具。

第 5 章介绍了即将到来的自动化新闻编辑室,即所有包括记者和编辑在内的人类新闻工作者的功能将被机器人取代。本章讨论了实现完全自动化的路线图:包括新闻媒体内容自动标记、基于网络活动生成消费者数字档案的算法,以及基于消费者数字档案内容的由机器学习算法生成的人工智能引擎的架构。目前为了更有效利用数字档案,已出台与此相关的通用标准。

本书的第二部分专门探讨新兴的新闻报道形态,这一新兴发展态势明显利好人类新闻工作者。

第 6 章探究了"新型新闻报道"以及它是如何受到新技术和应用的影响。不同年龄组消费者的媒体消费行为发生了显著变化,尤其关注他们对脸书(Facebook)、色拉布(Snapchat)、照片墙(Instagram)、推特(Twitter)和瓦次艾普(WhatsApp)等应用软件的接受程度。本章举例生动,如 Snapchat 软件中 10 秒的短视频故事分享、Vine 的 6 秒短视频故事分享、YouTube 的"大广告"的新叙事形式。此外本章还讨论了新型 360°虚拟视频游戏和"聊天机器人"是如何改变报道及其影响。事实上，短期内人工智能算法无法容纳并整合技术和应用，从而无法以现代形式进行报道叙事并受到关注，这为人类新闻工作者打开一扇天窗。

第7章讨论新型虚拟现实（VR）和增强现实（AR）技术，传统新闻叙事方式因技术革新而改头换面，这种新型叙事方式被称为沉浸式新闻。为顺应年轻一代需求和争夺市场份额，新闻和广告领域都在不遗余力地提高消费者的媒体消费体验。技术发展之初，虚拟现实（VR）和增强现实技术（AR）便已经实现无缝衔接的整体体验功能，使消费者身临其境完全置身于其中，目前许多传媒公司在叙事环节均已将VR和AR技术整合其中。本章重点介绍VR和AR技术，以及虚拟现实技术（VR）在新闻报道中的应用。虚拟现实和增强现实技术的出现和应用成为人类记者与机器人竞争的得力助手，因为使用沉浸式技术讲述故事早已超出狭义人工智能的能力范围。

第8章关注人工智能在战争新闻报道中的影响。人工智能算法和新型数字设备极大提高了战地记者报道的角色。本章还讨论了战地记者和机器人记者之间新型协同作用。研究表明，在战地报道中，战地记者可能会违背职业道德，原因包括对自己生命的恐惧，或者是战争场景下的心灵冲击或情感介入。事实上，约三分之一的记者都在职业生涯中遭受过这样或那样的创伤。新型数据收集技术、大数据和数据分析工具以及自动叙事软件改变了现实，新技术的应用不仅提高了战争报道的深度，也使得战地记者身心受益。作为交换的代价，报道冲突地区的记者必须适应新的报道模式。

第9章专门讲述新型体育新闻叙事。人工智能与新视觉技术彻底颠覆了传统体育新闻叙事方式。虚拟现实和增强现实技术让消费者足不出户体验赛事成为可能，唾手可得的运动员大数据分析工具让每个人都成为"裁判员"。本章重点关注人工智能时代体育报道叙事方式变革，并聚焦新闻工作者已经通过运用多种视觉技术来优化屏幕呈现效果和提升视觉体验方面所取得的优势。

第10章重点讨论人工智能和自动化时代下报道与组织机构和政府决策相关政治问题的人类新闻记者。社会决策的控制论模型是理解组织运作和决策制定的常用分析框架。当今社会人工智能和自动化程序已渗透到组织运作和决策制定的方方面面，社会发展理论认为自动化是"社会发展的普遍规律"，人类记者应当充分认识规律，警惕自动化带来的潜在威胁。

参考文献

Andreasen, N. C. (2014). Secrets of the creative brain. *The Atlantic*. Retrieved from http://www.theatlantic.com/features/archive/2014/06/ secrets-of-the-creative-brain/372299/.

Boden, M. (2004). *The Creative Mind: Myths and Mechanisms*. London: Routledge.

Carter, J. (2013). Could robots be the writers of the future? *techradar.com*. Retrieved from http://www.techradar.com/news/computing/could-robots-be-the-writers-of-thefuture-1141399.

Dickson, B. (2017). What is narrow, general and super AI. *Tech Talks*. Retrieved from https://bdtechtalks.com/2017/05/12/what-is-narrow-general-and-super-artificialintelligence/.

Doctor, K. (2013). The newsonomics of "Little Data," data scientists and conversion specialists. *NiemanLab*. Retrieved from http://www.niemanlab.org/2013/10/the-newsonomicsof-little-data-scientists-and-conversion-specialists/.

Graefe, A. (2016). Guide to automated journalism. *Tow Center for Digital Journalism, Columbia Graduate School of Journalism*. Retrieved from https://www.cjr.org/tow_center_reports/guide_to_automated_journalism.php.

Kahneman, D. (2017). *Remarks* [Video File]. NBER Conference Toronto: Economics of AI Conference. Toronto. Retrieved from https://digitopoly.org/2017/09/22/kahnemanon-ai-versus-humans/.

Keshavan, M. (2017). Illumina says it can deliver a 100USD genome soon. *STAT*. Retrieved from https://www.statnews.com/2017/01/09/ illumina-ushering-in-the-100-genome/.

Knight, W. (2016). AI winter isn't coming. *Technology Review*. Retrieved from https://www.technologyreview.com/s/603062/ai-winter-isnt-coming/.

Lemelshtrich Latar, N. (2004). *Personal Psycho-social Web-derived DNA & Socio-cybernetic Decision*. Be'er Sheva, Israel: Burda Center for Innovative Communications Publication, Ben-Gurion University.

Lemelshtrich Latar, N. (2015). The robot journalist in the age of social physics. In G. Einav (Ed.), *The New World of Transitioned Media* (pp. 65-80). Basel: Springer. doi: 10.1007/978-3-319-09009-2.

Lemelshtrich Latar, N. and Nordfors, D. (2009). Digital identities and journalism content. *Innovation Journalism*, 6(7), pp. 4-47.

Levy, S. (2013). How Ray Kurzweil will help Google make the ultimate AI brain. *Wired*. Retrieved from https://www.wired.com/2013/04/kurzweil-google-ai/.

McCarthy, J., Minsky, M. L., Rochester, N., and Shannon, C. E. (1955). *A Proposal for the Dartmouth Summer Research Project on Artificial Intelligence*. Retrieved from https://www.cs.swarthmore.edu/~meeden/cs63/f11/AIproposal.pdf.

Rainie, L. and Anderson, J. (2017). The future of jobs and job training, *Pew Research Center*. Retrieved from http://www.pewinternet.org/2017/05/03/the-future-of-jobs-and-jobstraining/.

Searle, J. (2013). Consciousness and the brain [Video file]. Retrieved from https://www.youtube.com/watch?v=j_OPQgPIdKg&ab_channel=TEDxTalks.

第 2 章 人工智能的边界新机会？

诺姆·莱梅尔 史萃克·拉塔尔

新闻是艺术和科学的结合。新闻工作的艺术性表现在发现创作新思路，寻找报道新视角，探索问题新方案，开辟娱乐新途径。新闻工作的科学性体现在使用分析工具，对基于记录和储存人类活动的数据所形成的信息和观点进行支持和验证。尽管当前人工智能算法可为人类记者提供数据分析和自动编写叙事文本的功能，但对如何满足年轻人所期待的集创新技术和应用于一体的新闻叙事仍欠火候。

1. 人工智能有多智能？

人工智能创始人之一约翰·麦卡锡在1955年创造了人工智能一词,他将人工智能定义为"制造智能机器的科学与工程"(McCarthy et al., 1955)。人工智能通常被定义为一门让机器像人类一样做事的科学。除却技术与算法,人工智能领域的科学哲学问题引人深思:机器"大脑"是否能模仿人类大脑及其创造力？人工智能算法能否超脱算法本身独立"思考"抑或只能桎梏于算法之中？又或人工智能算法的确缺乏与人类创造力密切相关种种维度,如直觉、感觉和潜意识？(Andreasen, 2014)这些问题的答案与人工智能时代人类新闻业的未来和机器人新闻业的发展息息相关。

人工智能诞生之初,开发人工智能算法的科学家们就以模仿人脑为最终目标。英国统计学家、哲学家和长老会牧师托马斯·贝叶斯(Thomas Bayes, 1702—1761)建构了人工智能的理论基础,通过编写智能算法程序可为特定事件赋概率值。如同人脑智能算法会"从经验中学习"(启发式地),并随着时间推移逐渐降低事件的不确定性最终创造新知识。与按照预定顺序执行指令集的"普通"算法不同,智慧的算法会根据学习过程因时因地而变。更重要的是,智慧的算法能通过飞速扫描多变量的大型数据库处理更为险峻复杂的情况。

信息科学技术日新月异,智慧的人工智能算法已经可以处理和分析近乎无限大小的数据库,并识别数据元素间的统计学相关性。人工智能算法是可供去伪存真和发明创造的伟大工具,但人类清醒地认识到,如果要为人类增加真正有价值的知识,这些"联系(指数据集间统计学相关性)"还须得到适当的验证。

一些著名的科学哲学家明确反对"人工大脑可能取代人类大脑"的观点。这个问题与计算机是否具有创造性,以及机器人记者在多大程度上能够复制人类记者创造力密切相关。约翰·塞尔是世界上最伟大的思想、语言和人工智能哲学家之一,也是反对意见领导者。塞尔在1990年发表在《科学美国人》的一篇论文中详细论述了为什么电脑"没有玩那种可以取代人类思维的游戏"。一些人工智能科学家认为只要输入和输出正确的程序便可以创造思维,塞尔批驳此种观点,他认为计算机不能"思考","图灵测试"对人类智力和认知的衡量也仅是模拟实验,不足为训。

理解塞尔对计算机程序的定义对解读其观点至关重要:

> 数字计算机仅仅根据既定程序处理形式符号……只是处理那些不能被自身所保证的认知、感知、理解、思考的符号……程序被定义为一系列符号运作,这些符号是纯形式的或纯语法的……它们没有基本的物理性能……这些符号被运作时无须参考任何意义……形式符号运作……不足以保证其存在意义或语义……(符号)唯一能力仅是保证在程序运行中执行下一步……众所周知,0和1的唯一相关性在于抽象的计算属性。

塞尔批评了某些人工智能哲学家的观点,他们认为意识是独立于生物大脑的实体,因此可以完全通过编程得到。塞尔认为,人脑思维过程是包括产生意识和其他一些被定义为感觉、疼痛、口渴、嗅觉和爱情等心理现象的神经生物学过程。他认为,计算机执行符号的过程与人脑思维的神经生物学过程并不一致,而认知是一种生物学现象,因此人工大脑不能产生认知。塞尔(2013)TED演讲时重申1990年发表论文中的论点:"我们无法创造一台有意识的机器"。

雷·库兹韦尔是当代思想家,他对塞尔持反对意见。库兹韦尔是极具战略眼光的理论家,也是人工智能开发者,目前他列席谷歌首席未来科学家。在人工智能与自动化领域,库兹韦尔用发明创造改变世界,包括世界上第一个平板扫描仪,第一个能识别字体的计算机程序以及第一个文本到语音合成器等等。回顾库兹韦尔早期,前瞻观点无不印证当下。一位记者采访问道,是否他会将意识定义为某种可以理解复杂自然语言的系统,他回答:

> 的确如此。我一直认为到2029年有望实现这一愿景。这不仅仅意味着逻辑智能,也意味着情商、有趣、理解笑话、性感、有爱、理解人类情感。实际上这是我们所做过最复杂的事情。这也是今天计算机和人类的区别所在。我认为二者差距将在2029年消失(Levy,2013)。

库兹韦尔指的人工智能算法具备通过分析面部表情、行为或文本理解人类情感的能力,人工智能算法见微知著,在发掘人类潜在需求与提升办事决策效率上不可否认。但是否这便意味着算法具备感情呢?在最近一次美国国家经济研究局(NBER)人工智能主题会议上,诺贝尔奖得主丹尼尔·卡内曼认同库兹韦尔的预测,他说:"会有什么事情是留给人类去做的吗?坦白讲我认为没有任何理由限制它们(机器人)的能力。人脑是一台很棒的计算机,虽然它是肉做的。其内里充满噪声但却可以做多线程工作。另一方面,尽管人脑非常高效,但此处并无玄妙可言,所以很难预想在拥有足够多数据后是否还会存在只有人类方可胜任的事情"(Kahneman,2017)。卡内曼的研究重点是决策过程,因此他认为任何干扰纯理性决策过程的事务都是"噪音"。卡内曼预测,机器大脑最终会在理性决策能力上超越人脑,他认为机器大脑的潜在优势在于具备消除干扰和破坏人类大脑理性思考中"极端噪音"的能力。卡内曼(2017)呼吁尽可能用算法取代人类决策者,"即使算法在根除'噪音'上亟待完善但仍强于人类。"

然而或许正是人脑中"噪音"促成了人类的伟大发明。正如以下章节所述,高创造力与非理性决策过程高度相关。人类文化的底蕴深厚和精神久远,绝非仅靠高效决策与预测可比。

人工智能创始人早先预测表明,他们可能低估了人类心理或大脑复杂性。例如,1956 年人工智能之父约翰·麦卡锡曾说:"让机器使用语言……如果……选定一组科学家耗费一个夏天研究这个问题……就可以取得重大进展"(McCarthy et al.,1955)。1965 年人工智能创始人之一、1978 年诺贝尔经济学奖得主赫伯特·西蒙曾言,"机器将在 20 年内胜任人类的任何工作"(Gaskin,2008)。

人工智能的定义是动态的且随时间变化并不难以理解。"(随时间发展)它(人工智能)被不断重新定义,用来描述电脑处理中的未知领域。语音识别(比如 Siri)、图像识别(人脸识别)等领域曾是人工智能的难题。随着它们商业产品化,它们已经成为独立学科"(Smith and Anderson,2014)。塞尔在其 1990 年关于人工智能局限性的论文中,对此现象进行评述。他说:"人工智能行业的从业者心存抱怨是合理的,因为行业规则总在改变。一旦人工智能仿真成功,它在心理上的重要性就不再重要……"例如,在国际象棋游戏中人工智能算法研究如何落子,基于过往成功概率确定棋局。然而有人认为国际象棋的算法过于机械化,不应该再被认为是人工智能。

2. 神经网络

人工智能科学家以仿真人脑为终极目标,通过开发算法,不断模仿由神经元组成的人脑神经系统的信息处理方法,这种算法被称为神经网络,其可在人工神经网络中运行。人工神经网络是"一种信息处理范式,其灵感来自大脑等生物神经系统处理信息的方式"(Stergiou and Siganos,2011)。神经网络中的"学习过程"包括大量二进制运算,存储在系统内存中的信息处理元素以光速执行这些运算。

人造"树突"接收传入的信号,这些"树突"再将新信息传递给人造"细胞体",后者对这些信息进行汇总求和。当且仅当信息总量超过一定阈值时,才能通过人工轴突将信号传递至其他的信息处理神经元中。因此,在此过程中随着接收到更多信息,信息阈值水平发生变化,不确定性也逐渐降低(图 2-1),而细胞体内先前储存的信息起到关键作用。

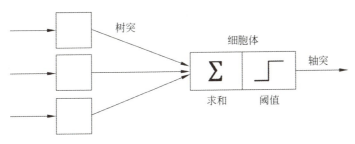

图 2-1　人工神经元示意图

神经网络是由层次有序的神经元层组成的。欣顿和其他研究人员对人工神经元处理信息的过程加以解释,他们开发出一种有效的方法训练单个神经元层。第一层主要学习原始特征,比如图像边缘或最小的语音单位,通过寻求数字化像素组合或声波组合的路径实现这一点,这些组合出现的频率比它们偶然出现的频率更高。当这一层能准确识别这些特征后它们就会被输送入下一层,下一层将训练识别更为复杂的特征,比如一个角点或语音组合。这个过程在连续的层中循环往复,直至系统能够可靠识别音素或物体,比如猫(Hof,2013)。

神经网络依赖系统过往行为和各个元素间连接的概率。每次遇到新的信息,人工神经元都会被更新,但当元素间连接处于"偶然性"水平时,人工神经元就不会将信息传递给其他神经元,这是典型的理性思维。如同在人类有意识的理性思考过程中,我们只愿意从那些我们认为高于偶然水平的新信息中进行学习。

在 1990 年发表于《科学美国人》的论文中,塞尔声称:尽管神经网络具备多程、多层处理信息或计算的能力,但这并不会改变其机器不能创造意识的论点。因为人工神经网络范式虽然提高了他所谓的"处理符号"的效率,但并未为符号赋予意义。

3. 奇点

借用科幻作家弗诺·文奇(Vernor Vinge)之言,他在 1993 年预言 30 年内,"我们将拥有创造超人类智能的技术手段。不久之后人类时代将会结束"(Vinge,1993)。库兹韦尔将奇点定义为"未来人类和机器的汇聚时刻"。在某种意义上奇点是"只在人类历史上发生过一次"的单一事件(Eder,2003)。奇点时代也被描述为一个"后人类时代",这意味着跨越这个时代一切将深不可测:"奇点意味着未来社会、科学和经济日新月异,时异势殊我们难以预测未来……"这是第一次预测理论家承认其预测未来能力的局限性,因为他们预测人类将转变为新型"后人类"实体。

库兹韦尔称,他在谷歌的主要目标是开发出具备理解自然语言能力的算法,他认为这是人工智能扩展知识和实现预测的关键要求。我有一个(工作)范式可以为谷歌实现自然理解……谷歌会在你提问之前知道你问题的答案(Cadwalladr,2014)。在谷歌,库兹韦尔获得了人类历史上前所未有的海量数据。

4. 深度学习和神经网络

查询搜索引擎会链接出数百万个可能的答案。搜索是低效的,因为搜索引擎不能"理解"我们所输入请求的含义,而主要基于查询关键字进行匹配和搜索。作为新兴领域"深度学习"的目标是创造出与人脑尽可能相似的人工大脑。插上人工智能与深度学习的翅膀,搜索引擎依靠算法开始理解输入请求的含义,而且"独立决断"(Hof,2013)。在此过程中通过添加额外的分析"层",深度学习拓展神经网络执行的分析增加了更大的深度。由于数学的进步和计算机能力的提高,深度学习成为可能,在语音和图像识别方面取得了显著的进步。

"深度学习"的出现结束了人工智能科学家口中有关"人工智能寒冬"的言论,并强化了深度学习将最终实现人工智能超越人脑的预期。深度学习之父杰弗里·欣顿(Geoffrey Hinton)、大卫·鲁姆哈特(David Rumelhart)和罗纳德·威廉斯(Ronald Williams)于 1986 年发表了一篇相关主题的论文(Somers,2017)。欣顿是谷歌公司大脑人工智能团队首席科学家,"……过去 10 年人工智能在几乎所有的成就——翻译、语音识别、图像识别和游戏都是欣顿研究成果直接或间接的体现……30年后,当我们回首往事,我们会说杰弗里·欣顿是人工智能领域的爱因斯坦,而称深度学习即为人工智能"(Sommers,2017)。

欣顿与其同事在1986年对深度学习做出解释,他们认为概念的基本思想是"反向传播"。在反向传播过程中,神经网络会试图识别某个给定的对象(例如给定一个句子),它会在系统的不同层中不停地进行分析,直至做出识别对象的二进制决策。如果识别错误,系统又从结果开始逆推进行回溯追踪以识别和纠正每个阶段中出现的错误。这种与事实相比较以纠正先前错误的思路是理性思维的另一特征。

目前,微软、IBM和其他公司致力于开发和使用深度学习方法。IBM开发了著名的Watson算法,该算法已应用于不同行业,比如医疗行业中可以帮助医生诊断疾病,还可通过自动分析文本帮助律师或记者发现支持或反对特定问题的论据(俗称"Watson辩手")。

决策制定引起市场忧虑,尤其是存在开发者无法解释的算法所做决策。麻省理工学院机器学习应用领域教授托米·亚科拉(Tommi Jaakkola)表示:"决策制定问题至关重要,未来将会更加重要。""无论是投资决策、医疗决定,还是军事决断,你都不希望仅依靠'黑箱'方法"(Knight,2017)。由于人工智能算法集成已应用到所有政府决策过程中,政府官员将很难解释其决策机制和相关因素,或对其决策负责。"已有一种观点认为,向人工智能系统质询决策机理和原由是一项基本权利。2018年夏天开始,欧盟可能会要求企业向用户对自动系统做出的决策加以说明"(Knight,2017)。

萨默斯(Sommers)是著名作家、程序员兼任《麻省理工科技评论》的技术评论家,他认同塞尔和博登对目前人工智能研究的局限性的观点,尽管深度学习和神经网络已经取得长足进步,但算法仍处于符号操作的边界内:"穷尽功力,神经网络也仅能代表有限智慧,时常使人受到误解。比如当改变某个像素或是加入人类察觉不到的视觉噪声时,识别图像的深层神经网络就会完全失效"(Sommers,2017)。

5. 整体计算:IBM的神经突触芯片

2014年,IBM引入一个新型神经突触计算芯片,旨在克服使用传统电脑运行人工智能算法的局限性。通过整合左脑功能（传统电脑的语言和分析思维）和右脑功能形成整体智能计算……达到前所未有的规模（IBM Research，2014）。

IBM 的长期目标是制造具备"100 亿个神经元，100 万亿个突触且体积不到两层"的芯片——与人脑行为高度相似的人工大脑。"在包括公共安全、视觉、健康监测和交通运输等重要研究和工业应用领域中"，IBM 的芯片有望发挥重要作用（IBM research，2014）。为了实现这一目标，IBM 正在开发一种被称为 cogs 的复杂软件代理或传感器，通过嵌入到所有人类环境中以生成"认知办公室""认知手机""认知咖啡馆"和"认知家园"。cogs 将收集人类在人类环境中的动态认知决策信息，并提供给人工大脑。IBM 称此生态系统称为"cogs 社会"。在"cogs 社会"生态系统中，cogs 会与人类和其他 cogs 进行交互（IBM Research，2013）。

尽管 IBM 的"大脑"（指新型芯片）在速度和能耗上比任何现有人工智能算法都更有效率，但在神经细胞传递方面仍未突破人工神经网络范式，根本上人工神经网络范式取决于知识阈值、先验信息和那些由高于随机概率所确定的新信息。在帮助人类记者发现新见解上，人们对 IBM"大脑"寄予厚望，但事实证明其撰写高质量新闻报道的能力实属有限。

6. 人工智能的三个层面

文献中讨论了人工智能的三个层面：狭义人工智能、通用人工智能和超级人工智能。狭义人工智能（也被称为弱人工智能）指的是能够执行单一任务的算法，例如图像识别、天气预报、在数据仓库中寻找洞见或是对战下棋（Dickson，2017）。该算法"仅能在有限环境下工作，不能执行超出其领域的任务"（Dickson，2017）。

通用人工智能（又被称为人类水准或强人工智能）是指"能够像人类一样理解和推论周围环境"的算法（Dickson，2017）。通用人工智能可以跨领域处理信息，"判断决策时，它在多个互不相关的想法和存储器之间自由切换……抽象地思考、创新并得到没有次序偏好的想法。"回溯电话、轮船、望远镜、邮件、社交媒体、游戏、虚拟现实等概念的发明，（我们深知）让计算机凭空造物、无中生有是非常困难的（Dickson，2017）。最后，超级人工智能是比人脑更具创造性的算法，此时也便进入未来学家口中所称的奇点时代。尽管通用人工智能迄今为止已经取得长足进步，包括对神经网络和深度学习方法的引入，但人工智能领域最为复杂的算法仍为狭义人工智能构建主导。

7. 人工智能如同人类一般具有创造力吗？

智能算法创造新知识的能力引人深思：是否这些理性过程能够产生超预期的创造性想法或解决方案？人工智能算法具有创造性吗？这个问题对所有未来的工作都至关重要，包括传统新闻业。

如今，人工智能算法被广泛应用于艺术、音乐创作和其他人类创造力领域。博物馆中陈列由算法生产的艺术产品，音乐厅里播放着机器人音乐。如下将具体介绍两例在艺术中运用人工智能算法的案例。

哈罗德·科恩（Harold Cohen）是人类心理学与人工智能结合专家。科恩开发出一种算法（AARON），依据算法可依据本人风格或主要艺术家的绘画风格进行画作；现在由 AARON 产生的画作甚至展出于主要博物馆中。科恩于 1973 年开始研发 AARON，至今仍在不断改进（Moss，2015）。AARON 算法是创造力极限，但将算法生成的随机产出描述为创意艺术无异于将万花筒任意旋转得到的美丽结果视为"创意"艺术。万花筒内部的几何结构才是创造性源泉，而非旋转万花筒的随机结果。科恩本人从未将创造力与其绘画相联系。

另一个例子是科佩（Cope，1996）开发的音乐算法。根据不同音乐大师的风格，科佩开发出新型音乐创作算法，他将工作称为"音乐智能实验"。与万花筒例子类似，音乐智能的真正创新源自算法，而非根据算法指令自动选择音调的音乐组合。

2016 年，谷歌宣布了谷歌大脑团队的新项目 Magenta。Magenta 的终极目标是"创造出引人入胜的艺术和音乐"，具体目标为：其一是提升可生成音乐和艺术的机器学习算法；其二是培养艺术家、程序员和机器学习研究人员的社区（Eck，2016）。根据埃克的观点，"Magenta 范围包括艺术、讲故事、音乐、叙事、意象，并试图理解将人工智能作为创造性工具的观点"（Metz，2017）。

玛格丽特·博登是人工智能和创新理论家，《创造性思维：神话与机制》（*The Creative Mind: Myths and Mechanisms*）（Boden，1990）一书的作者，她认为创新不仅仅是产生新的想法组合。博登提出了分析人工智能创造性的理论框架。她的模型包含三个层次的创造力：组合性创造力、探索性创造力和转换性创造力（Boden，2009）。虽然承认人工智能算法涉及认知维度的创造力，但她认为人工智能在模仿人类创造力方面有其固有局限性,因为"人工智能难以企及人类的丰富联想记忆,并且难以识别和以计算机形式表述人类价值观"(Boden,1998)。

组合技术是人工智能领域中生成新见解最常用的方法。它可以用于研究大型数据库(如谷歌)中的数据元素间的关联度,并通过关联性产生新见解(算法生成的新见解需得到价值验证)。博登(Boden,1998)认为,AARON 是探索性创造力,即创新的第二层次,它通过探索预设的概念空间寻找创意。博登认为,探索算法并不真正具备创造性:"AARON 不能进行反思且更无法对产出作品加以改善。无论此种预设的概念空间是否合适,它也无法对此进行改变"。AARON 算法并未创造性地超越科恩所定义的概念边界,因此博登认为:"我们不能期待真正突破……现在几乎所有具备创新能力的电脑只能探索预设的概念空间……从中根本无法产生新奇想法"。这一发现对人类新闻业意义非凡,下文将对此进行讨论。

谷歌 Magenta 项目的道格拉斯·埃克(Douglas Eck)认同博登的观点。埃克在 2017 年 9 月接受拉赫尔·梅茨(Rachel Metz)的采访时,谈到为什么谷歌人工智能至今仍然不会讲笑话的问题。"我认为机器学习算法无法产生革命性的艺术方法,但使用技术的人却可胜任。目前为止,从某种层面来说 AI 技术呈现了世界的真实面容……而我们的所作所为都是以我们能理解的方式进行的……"(Metz,2017)。埃克的言论对人工智能时代下人类新闻业的未来有深远的影响。埃克承认人类的创造力出类拔萃,但他补充道,若想达到第三层创造力即转换性创造力,应该使用人工智能工具。萨默斯认为,目前的技术水平既强调了人工智能的潜力,也强调其局限性。"事实上深度学习瑕瑜互见……机器很难解析那些需要对世界运行常识有所理解的句子……深度学习以浅显的方式模仿了部分人脑运作方式——这也许解释了为何人工智能有时看起来如此浅显"(Somers,2017)。

神经学家南希·安德烈亚森(2014)揭示了她多年来研究人类大脑创造力的成果。她认为自己研究领域是"天才的科学,她希望通过辨别元素组合确定如何产生高创造力大脑……简而言之,她试图对创造力的本质进行回应。"安德烈亚森对一群顶尖科学家、数学家、艺术家和作家进行脑部扫描,并进行长时间深入访谈。她的研究支持了斯坦福大学心理学家、《天才基因研究》一书作者刘易斯·特曼(Lewis M. Terman)此前的观点。特曼于 20 世纪初进行这项研究,并开发了在美国广泛应用的早期智商测试。特曼(Andreasen,2014)对挑选的天才儿童群体进行研究,他发现高智商与高水平创造性成就并不对等:"只有少数人对社会作出重大创造性贡献；且似乎没有任何人表现出具备获得诺贝尔奖一般的超高创造力……"安德烈亚森的"阈值理论"强化特曼的结论，"阈值理论"认为，在一定程度上，智力对创造力几乎没有影响。

如同她之前的许多研究人员一般，安德烈亚森（2014）认为："潜意识过程是生产创造力的重要组成部分……观察自由联想时大脑中最活跃的部分会提供与创造力的神经基础的线索。"与卡内曼认为的"噪音"等因素不同，安德烈亚森的研究将高水平创造力与非理性思维、自由联想和无意识人脑过程联系起来。许多线索暗示安德烈亚森，当人们洗澡、开车、运动，或在午睡时，"尤里卡（eureka）"时刻来临。这表明在创新过程中大脑潜意识和意识思维之间的交互具有重要意义。安德烈亚森的另一个结论是，有创造力的人往往兴趣广泛，活跃于众多领域；比如有些人喜欢冒险，而他们做事往往不规避风险。安德烈亚森还发现，家庭环境影响家庭成员的创造力；具有较高成就的家庭正向影响家庭成员的创造力。她的研究还揭示了多学科教育的重要性（而不是专注于艺术或科学），并借用史蒂夫·乔布斯（Steve Jobs）的名言鼓励孩子们"Think different（不同凡想）"。

有趣的是，安德烈亚森（2014）还发现创造力与某种精神疾病之间存在高度相关性。这个道理对艺术家和科学家同样适用。根据安德烈亚森描述，最常见的症状（即指可能与创造力高度相关的精神疾病）包括双相情感障碍、抑郁、焦虑或恐慌、酗酒和精神分裂症。

8. 人工智能程序有直觉吗？

直觉在人类创造力中扮演着重要角色，这一事实引出另一重要议题：人工智能开发者能否开发出直觉？如果答案是否定的，那么没有直觉的人工智能算法具有创造性吗？

《韦氏词典》将直觉定义为"一种自然能力或力量，使得人在没有任何证据或不经证明就能知晓某事；即直觉为引导某人以某种方式行事的感觉，而不明就里"。弗朗茨（Frantz，2003）在书中描述了赫伯特·西蒙的研究。赫伯特·西蒙是人工智能开山鼻祖，1978年诺贝尔经济学奖得主，在他漫长的职业生涯中一直试图解密直觉和创造力，并对直觉不是什么做出解释："直觉不是一个有意识的分析——有逻辑的、按顺序的和理性思维过程。这是直觉，它是受过教育的第六感"。

西蒙是国际象棋算法的早期开发者之一，他能在算法中模仿象棋大师的思维过程。西蒙认为把国际象棋选手的成功归因于其潜意识中储存游戏模式和相应价值的能力。受象棋大师在潜意识中快速确定落子能力的启发，西蒙将直觉定义为"基于在内存中存储和提取过往经验的潜意识模式识别"（Frantz，2003）。

根据西蒙的观点，人和机器在决策过程中有类似的思维过程：首先，他们研究数据，寻找和鉴别模式；模式存储在内存中；尔后这些存储模式将被用于决策过程。西蒙的结论是，直觉和分析不是两个独立的过程，而是互补相成的，它们在有效决策系统中必不可少。西蒙认为，"直觉实际上是一种形成习惯的分析思维，通过识别熟悉的情况（如习惯）而形成快速反应能力"（Simon，1997）。

受其成功为象棋大师直觉编程的鼓舞，西蒙认为只要具备充足数据和智能算法，人工智能科学家可以对直觉思维进行编程。人类成功对直觉过程进行充分编程，制造出与人脑一样或更有创造力的人工大脑的梦想仍然停留在科幻小说中。可以确定的是，仍有很多人工智能未解之谜亟待科学家们探索和解答。

9. 理解人类自然语言

人工智能的另一局限性是算法如何理解自然语言，尤其是上下文信息、隐喻、幽默和诗歌等。在文化和社会不断发展的历史背景下，机器是否能够充分理解自然语言的丰富度和深度，一直是学者们争论的焦点。

在自然语言处理领域，所有数字超级大国都已投入数十亿美元，不断深入了解人类自然语言。自然语言处理（NLP，Natural language processing）是计算机程序理解人类语言的能力，而非简单翻译文字。主要难点在于如何完整保留句义，这需要具备"对所有语言形式、活动或交流方法的自动化能力，如对话、通信、阅读、写作、出版、翻译、唇读等"（Novoseltseva，2017）。

特里·威诺格拉德（Terry Winograd）是人类语言处理、知识表征和人工智能领域的领军人物，他认为人工智能对自然语言的理解无法超越僵化体系，类似"……一个没有同情心的人，行事作风墨守成规"（Trausan-Matu，2005）。根据威诺格拉德（1991）的观点，"……目前人工智能是有限智能：面对瞬息万变的环境时，人工智能之迟疑钝化可与官僚主义相提并论"。当前新闻业内对威诺格拉德上述观点已形成共识，即机器人记者"写"故事的深度和丰富度始终无法超越"僵化体系",具备同理心且能理解复杂文化背景是人类记者的重要优势。

诚然,自然语言处理对于人类新闻业未来的重要性不言而喻。自然语言处理算法可以自动总结提炼长文档信息,从海量数据库中提取新见解,并在一定程度上帮助人类和机器人记者解决信息过载问题。此外,自然语言处理算法还可以解读媒体中的文本情绪,识别社交网络中的关键传播者。通过"将数百万条推特和其他社交媒体消息结合起来,以确定用户对某一特定产品或服务使用感受,'自然语言处理'让所有推特或脸书变成巨大焦点群体成为可能……"(Novoseltseva,2017)。高效的自然语言处理算法于人类记者而言大有裨益,基于客观发生的社会媒体对话,可以鉴往知来。

10. 人工智能的局限性:人类新闻业新机遇

基于理性模型,人工神经元会拒绝那些无法降低偶然因素的不确定性新信息。然而在创造力转换层面,如上理性过程却无法超越人类智慧。因为人工智能算法无法"思考"出人类算法设计者为其所建的概念框架,究其本身,人工智能算法源自人类智慧,它们无法自发地创造新理念,更无法登顶创造力与智慧巅峰。因此人工智能目前的局限性为人类记者创造重大机遇:

- 在分析计算问题中,人工智能算法无法理解或表达复杂人类情感和社会价值。
- 受多因素影响,人工智能算法在创造性水平上受到限制。首先,人工智能算法无法模拟人脑过程,其中涉及与人类创造力直接相关的神经生物化学过程。因为人工智能算法仅限定于没有语义的句法符号中。其次,人工智能算法在智能和知识扩展领域不断运行,虽然可以预期其智商将至超高水平,但当智力超过某阈值后,它便不再与创造力直接相关。再次,人类高水平创造力和发现能力与潜意识、直觉、梦想、自发性和情商直接相关,即这些过程都与"非理性思维"有关。然而目前人工智能算法对此无能为力。最后,创造力与人类冒险行为和冒险精神相关(这也与人类生存本能有关)。将这些人类能力编入人工智能大脑将是异常复杂的。
- 人类新闻最重要的功能之一是警醒社会、预见社会与环境变化对社会制度和人类生存带来的潜在风险。基于大规模监测，人工智能算法帮助人类避凶趋吉。但人工智能算法监测仅能在预先设定的指标范围内进行，而不能理解和监控预设之外的事件：因为缺乏处理未经历或未设定事件的基本人类技能。此外，人工智能算法无法主动暴露其本身潜在弊端，也无法预见普及社会人工智能会对人脑造成的生理损害。这些问题亟待未来记者们研究和解决。卡尔（Carr，2011，2014）和布吕诺尔夫松（Brynjolfsson）以及迈卡菲（McAfee，2014）在研究中发现了关于这种影响的早期例证，他们在研究中展示了人工智能和自动化对人类脑力技能的负面影响。

- 人工智能算法天生受到程序员和科学家价值观和偏见的影响。因此理解算法和自动化程序的体系结构并识别相关缺陷应当是未来人类记者的主要职责。
- 目前狭义人工智能算法对人类自然语言理解能力有限，尤其是对思想、隐喻、幽默、诗歌语境等理解有限，因此机器人记者无法"写"出高于"僵化"水准（指公文写作水平）的深度新闻报道。这样的新闻报道必然缺乏对复杂文化背景的同理之心，而人类记者却能感同身受。
- 人工智能算法缺乏撰写意见的能力。它们可以经验证后产生新知识，却不能将知识转化为政策建议或变更建议。

尽管如此，机器人记者向人类记者发起一项有趣的挑战。人类记者必须具备"不同凡想"的能力，可以不断寻找新方式讲述故事。艺术哲学与逻辑思维是创新之基，因此人类记者应当受过良好艺术哲学教育，并且熟练掌握科学分析方法。此外，人类记者必须完全熟悉所有可用的新型数字工具和人工智能工具，以便有效挖掘数据并生成新故事。为了寻求人类记者新出路，包括哥伦比亚大学新闻学院在内的各大新闻学院都在如火如荼地开展"黑客马拉松"（hackathon）活动。"黑客"意思是在没有限制的环境中创造新事物或新想法的趣味活动。2013年2月4日，一个名为"The Age"的澳大利亚数字新闻团队在墨尔本举行了一场黑客马拉松运动，参与者包括程序员、数据分析师、记者、平面设计师和开放数据活动人士，目的是"探索大数据驱动型、数据可视化新闻叙事的奥义"（Wright，2013）。

参考文献

Andreasen, N. C. (2014). Secrets of the creative brain. The Atlantic. Retrieved from http://www.theatlantic.com/features/archive/2014/06/secrets-of-the-creative-brain/372299/.

Boden, M. (1990). The Creative Mind: Myths and Mechanisms (2nd edn.). London and New York: Routledge.

Boden, M. (1998). Creativity and artificial intelligence. Artificial Intelligence, 103(1-2), 347-356.

Boden, M. (2009). Computer models of creativity. AI Magazine, 30(3), 23-34.

Brynjolfsson, E. and McAfee, A. (2014). The second Machine Age: Work, Progress, and Prosperity in a Time of Brilliant Technologies. New York: W. W. Norton & Company.

Cadwalladr, C. (2014). Are the robots about to rise? Google's new director of engineering thinks so... The Observer, Artificial Intelligence. Retrieved from https://www.theguardian.com/technology/2014/feb/22/robots-google-ray-kurzweil-terminator-singularityartificial-intelligence.

Carr, N. (2011). The Shallows: What the Internet is Doing to our Brains. New York: W. W. Norton & Company.

Carr, N. (2014). The Glass Cage: Automation and Us. New York: W. W. Norton & Company.

Cope, D. (1996). Experiments in Musical Intelligence with CD-ROM (Computer Music and Digital Audio Series). Middleton, WI: A-R Editions.

Dickson, B. (2017). What is Narrow, General and Super AI. Tech Talks. Retrieved from https://bdtechtalks.com/2017/05/12/what-is-narrow-general-and-super-artificialintelligence/.

Eck, D. (2016). Welcome to Magenta. Magenta. Retrieved from https://magenta.tensorflow.org/welcome-to-magenta.

Eder, D. (2003). What is singularity? BrainMeta.com Forum. Retrieved from http://brainmeta.com/forum/index.php?showtopic=1967.

Frantz, R. (2003). Herbert Simon: Artificial intelligence as a framework for understanding intuition. Journal of Economic Psychology, 24, 266-277.

Gaskin, J. E. (2008). What ever happened to artificial intelligence? Computerworld. Retrieved from http://www.computerworld.com/article/2534413/business-intelligence/what-everhappened-to-artificial-intelligence-.html.

Hof, R. D. (2013). Deep learning. With massive amounts of computational power, machines can now recognize objects and translate speech in real time. Artificial intelligence is finally getting smart. MIT Technology Review. Retrieved from https://www.technologyreview.com/s/513696/deep-learning/.

IBM Research. (2013). Cognitive Environments. Retrieved from http://researcher.ibm.com/researcher/view_group.php?id=5417.

IBM Research. (2014). Brain Power. Retrieved from http://www.research.ibm.com/cognitivecomputing/neurosynaptic-chips.shtml#fbid=Flx1v4VQ6Hm.

Kahneman, D. (2017). Remarks [Video File]. NBER Conference Toronto: Economics of AI Conference. Toronto. Retrieved from https://digitopoly.org/2017/09/22/kahneman-onai-versus-humans/.

Knight, W. (2017). The dark secret at the heart of AI. MIT Technology Review. Retrieved from https://www.technologyreview.com/s/604087/the-dark-secret-at-the-heart-of-ai/.

Levy, S. (2013). How Ray Kurzweil will help Google make the ultimate AI brain. Wired. Retrieved from https://www.wired.com/2013/04/kurzweil-google-ai/.

McCarthy, J., Minsky, M. L., Rochester, N., and Shannon, C. E. (1955). A proposal for the Dartmouth summer research project on artificial intelligence. Retrieved from https://www.cs.swarthmore.edu/~meeden/cs63/f11/AIproposal.pdf.

Metz, R. (2017). Why Google's AI can write beautiful songs but still can't tell a joke. MIT Technology Review. Retrieved from https://www.technologyreview.com/s/608777/whygoogles-ai-can-write-beautiful-songs-but-still-cant-tell-a-joke/.

Moss, R. (2015). Creative AI: The robots that would be painters. New Atlas. Retrieved from http://newatlas.com/creative-ai-algorithmic-art-painting-fool-aaron/36106/.

Novoseltseva, E. (2017). Natural language processing projects and startups to watch in 2017. Apiumhub. Retrieved from https://apiumhub.com/tech-blog-barcelona/natural-languageprocessing-projects/.

Searle, J. (1990). Is the brain a mind computer program? Scientific American, 3(3), 417-458.

Searle, J. (2013). Consciousness and the Brain [Video file]. Retrieved from https://www.ted.com/talks/john_searle_our_shared_condition_consciousness.

Simon, H. (1997). *Administrative Behavior* (4th edn.). New York: Free Press.

Smith, A. and Anderson, J. (2014). AI, robotics, and the future of jobs [Report]. Pew Research Center, Internet & Technology. Retrieved from http://www.pewinternet.org/

2014/08/06/future-of-jobs/.

Somers, J. (2017). Is AI riding a one trick pony? MIT Technology Review. Retrieved from https://www.technologyreview.com/s/608911/is-ai-riding-a-one-trick-pony/.

Stergiou, C. and Siganos, D. (2011). Neural Networks. Retrieved from https://www.doc.ic.ac.uk/~nd/surprise_96/journal/vol4/cs11/report.html.

Trausan-Matu, S. (2005). Human language and the limits of artificial intelligence. A new religion-science relations. Paper presented at Science and Religion: Global Perspectives, Metanexus Institute, Philadelphia, PA. Retrieved from https://pdfs.semanticscholar.org/ec25/98f2ba128f3f264a0b2b26ae5e2b57ccd6d2.pdf.

Vinge, V. (1993). The coming technological singularity: How to survive in the post-human era. Paper presented at Vision 21 Symposium sponsored by NASA Lewis Research Center and the Ohio Aerospace Institute, March 30-31.

Winograd, T. (1991). Thinking machines: Can there be? Are we? In J. J. Sheehan and M. Sosna (Eds.), The Boundaries of Humanity: Humans, Animals, Machines (pp. 199-224). Berkeley: University California. Retrieved from http://publishing.cdlib.org/ucpressebooks/view?docId=ft338nb20q&chunk.id=d0e4049&toc.depth=1&toc.id=d0e4049&brand=ucpress.

Wright, G. (2013). Data flows at hackathon. The Sydney Morning Herald. Retrieved from http://www.smh.com.au/it-pro/blog/smoke-and-mirrors/data-flows-at-hackathon-20130207-2e2fn.html.

第3章 机器人新闻

诺姆·莱梅尔史萃克·拉塔尔

　　凭借丰富的语言学知识和自然语言研究优势,自动叙事正成为一个全新的研究领域。自动叙事过程中,不依靠人力,人工智能算法会自动从既有事实和数据库中发现新见解并转换成可读的故事,全程不过一秒。一些商业公司甚至已经开发出可以完整撰写新闻报道的人工智能算法,并能根据预先设定的受众群档案调整语调和叙事结构。据估计5~10年内,多数新闻文本故事将由机器人编写。机器人新闻的时代已经到来!

人类新闻工作者凭借他们的叙事才能、经验、价值观、创造力和直觉,将事实转化为新闻故事,呈现给千家万户。然而高效的新型机器人记者却可能对人类记者发出强大挑战。

机器人新闻领域基于两大支柱:一是自动从海量数据仓库中提取新知识的计算机软件;二是将见解和知识自动转换成可读故事的算法,整个过程无须人工参与。除了节省人力成本外,机器人记者能够实事求是,很少遗漏新闻事实且工作从不倦怠。日本人甚至发明出 3D 机器人记者,它们可以在人群中进行采访、拍照,然后撰写新闻故事(Lemelshtrich Latar,2015)。

一些乐观的记者认为,机器人新闻是一种工具,可以让人类记者免入困难危险境地之中。乐观主义者希望机器人记者能够自动编写故事草稿以便人类记者进一步分析、转换视角以及丰富叙事。悲观主义者认为新型机器人记者对其生活和工作显然构成真正威胁。考虑到数据采集微型传感器将无处不在,在自动化综合数据收集和写作的生态系统中展开竞争,人类记者将面临巨大挑战。

悲观预言并非不可避免。人工智能算法存在固有局限性,但相较之下人类记者显然更具比较优势,当然,人类记者必须充分认识这些局限性,并调整工作模式加以利用。

1. 计算机新闻或机器人新闻

计算机辅助新闻、数字新闻以及机器人新闻是新闻行业中算法集成创新发展的不同阶段。考克斯(Cox,2000)详细介绍了机器在新闻中应用的历史,他指出在新闻编辑室使用计算机的历史可以追溯到 20 世纪 50 年代初,这与计算机工业的早期发展相一致。计算机辅助新闻,又被称为计算机辅助报道(CAR)(Karlsen and Stavelin,2013),描述了在早期阶段进行文章撰写、提取统计数据或是鉴别相似事件时,如何以计算机为主要手段获取研究背景。之后,计算机实现了通过在搜索中使用关键词从数字图书馆检索信息的功能。数字新闻主要是指利用数据挖掘算法从结构化和非结构化数据库中寻找隐匿见解。例如,数据挖掘人工智能研究者基拉·雷丁斯基(Kira Radinsky)利用数据分析工具,分析了《纽约时报》150 年内的文章和其他数据,结果发现在贫困地区,如果某年气候干旱而次年洪水泛滥,那么该地区有较高概率爆发霍乱疫情。巧合的是,她的文章发表于 2012 年古巴严重霍乱疫情爆发前的几个月(Radinsky,2012)。机器人新闻是当前人工智能创新发展的最新阶段,所有新闻工作在没有人类参与前提下,可以依靠算法进行信息检索、搜寻隐匿见解并据此自动生成新闻叙事。

如今,机器人代理、机器人编辑、机器人文章合成器以及最近的机器人故事写手等纷纷扮演着传统人类记者角色。这些机器人记者可能仅由计算机软件组合而成,也可能具有三维结构甚至人形外观。在战地新闻领域以"阿富汗探索者"为代表的信息收集机器人已被应用于对人类记者过于危险的战争地区,用于调查和探索战地险境。

2. 机器人代理,机器人和虚拟助手

最初,"机器人"一词在新闻中被用来表示"机器人代理"或"虚拟助手",它们能与人类记者"交谈",并在人类记者与数据库之间充当媒介。李星民和金太允(Lee and Kim,1998)在1998年开创了"新闻点播"(NOD)服务,通过使用机器人汇总每日新闻信息并向用户提供新闻推送服务。用户在注册相关信息后可以通过电子邮件接收新闻报道。Wibbitz是《今日美国》购买引用的一款由以色列公司开发的新闻叙事短视频应用,它可以自主将新闻变成视频。而路透社使用了新闻追踪器(News Tracer),其算法预测工具能够帮助记者判断推特是否完整。通过评估推特用户的信用等级和新闻价值,新闻追踪器描绘了推特的传播路径,以及附近用户是否在推特上确认或否认突发事件的发展,并据此对新闻进行评分(Keohane,2017)。

机器人或虚拟助手的另一典型应用是BuzzBots,它是一种可在新闻事件中收集信息的算法。该算法最初是为众包(即从广泛群体尤其是从网络中集思广益)共和党和民主党全国代表大会的报道而设计的,现在已被应用于新闻事件现场信息收集过程中。BuzzBot的代码已经开源,这预示着机器人辅助报告工具的浪潮正席卷而来(Keohane,2017)。

Heliograf是《华盛顿邮报》在2016年使用的一种人工智能算法,它切实提高了记者在新闻工作室中的工作效率。据《华盛顿邮报》战略部门主管杰里米·吉尔伯特(Jeremy Gilbert)所说:"Heliograf软件先是识别相关数据,然后在模板中将数据与相应短语进行匹配和合并,最后在不同平台发布不同版本的新闻报道……"Heliograf的目标是"生成立意深刻的文章……促进人机无缝衔接"。Heliograf并

不是要取代人类记者,它"旨在解放生产力并报道更为细致入微的新闻故事"(Mullin,2016)。最重要的是,Heliograf可以"扩大受众群体"。面对不同客群需求,Heliograf可以精准定位、因地制宜,而不再"采用劳动密集型的人工写手"(Keohane,2017)。如今,许多媒体机构都在使用机器人编写算法:比如美联社使用机器人生成关于企业营收的文章,福克斯用机器人算法自动生成体育新闻,而雅虎则根据用户需求定向生成体育报道。即使一字不写,任何人都能把数据变成故事(Finley,2015)。

3. 机器人编辑器和文章生成器

"机器人新闻"一词最早是指谷歌为谷歌新闻服务(Google News Service)而开发的机器人编辑器。谷歌新闻是谷歌公司于2002年推出的聚合服务。谷歌开发出一种算法,在没有人为干预的情况下可在数千个新闻网站上运行"爬虫"获取数据,并根据"来源可信度"评分,自动筛选出网站的头条新闻以及在主页上的相关显示内容(包括相关链接)。谷歌新闻服务的产品经理说,"没有一个人工编辑团队可以与这些全天候工作无休的机器人竞争"(Kurtz,2002)。

谷歌目前正在研发不同类型的机器人编辑器。隶属于谷歌母公司Alphabet的科技孵化器Jigsaw开发出一种新型算法驱动应用程序,它可将出版商网站上的好评与差评分开。根据评论的术语、重复词语和攻击性程度,"机器人编辑器"对评论进行评估,并自动为新闻条目打分以反映其价值。总体而言,机器人编辑器协助出版商和平台网络控评。《纽约时报》与Jigsaw合作开发了一款名为Perspective的编辑机器人,该机器人可以帮助增加可供评论的新闻报道数量,并将社区编辑团队从25%的报道评论中解放出来(Mullin 2017)。

4. 移动远程展示机器人和移动文章生成机器人

2007年,日本东京大学信息技术研究生院机械信息系的研究团队(Matsumoto),创造了一个3D机器人记者,它能够像人类记者一样混在人群中。Matsumoto团队开发的算法可以实现三种功能"自主探索,记录新闻,生成文章"(Matsumoto et al.,2007)。将其安装在赛格威(一种电动代步车)车轮上便可以在建筑物或街道上自由移动。在日常生活中,3D机器人被设计成可以不断探索真实世界,拍照后将信息传递给"新闻分类器",分类器会根据所摄物品的"稀缺性"和"相关性"计算"新闻分值"。如果分数足够高,"文章生成器"就会自动生成一篇文章。

Beam 是另一款移动机器人,由加州帕洛阿尔托的适特宝科技公司(Suitable Technologies)开发。Beam 系统的设计目的是使人类记者能够远程参与活动,不需要真人到场。使用 Beam 可以进行多人移动视频会议:17 英寸屏幕由用户远程控制,以类似视频会议的方式开展远程展示和采访。Beam 系统由一个充电基座和一个客户端软件组成,当 Beam 网络连接到操作员时,Beam 便可实现自由移动。此外,Beam 还能与区域内的其他用户进行交互。

帕米·奥尔森(Parmy Olson)是《福布斯》特约撰稿人,曾访问适特宝科技公司总部,在旧金山家中他为《福布斯》撰写了一篇关于远程呈现机器人生产商的新闻报道:"越过皮革沙发、绘画和大型室内植物,我正站在加州帕洛阿尔托探索适特宝科技公司总部。只是我并未真正到场,坐在旧金山市中心家中书桌前,我和它近在咫尺(大约 30 英里远)。仅需操作轻量级软件,我便可以轻松控制 Beam(它可以展示我的样子)"(Olson,2013)。《福布斯》另一位特约撰稿人克什米尔·希尔(Kashmir Hill)曾使用 Beam 系统参观 2014 年的消费电子展。希尔(Hill,2014)写道:"总的来说,这是一种很好的方式,既可以欣赏展览,又不会为奔波行程而头疼。"

Double Robotics 是另一家远程呈现机器人制造商。据介绍,Double 是一款"远程办公终极工具",作为一款远程控制的移动电话会议系统,它可以在任何地点、任何时间进行对话。另一家远程呈现机器人制造商 Anybots 则指定了一个替身来代表远程空间的人类记者。"除了面对面之外,Anybots 公司还开发出当今最具交互性的通信形式,即为用户提供私人远程替身。使用移动远程通信设备,人们可在片刻之内身临其境,不再错过任何重要事件、会议或体验"(www.anybots.com)。

奥姆尼实验室(OhmniLabs)是一家机器人初创企业,其远程呈现移动机器人配有一个独特的倾斜颈部,使 Ohmni 的操作者可以控制机器人头部向上、向下和点头。与人交谈时,配有独特颈部的 Ohmni 不再受到束缚,无须紧盯设备或坐在某地,因此它与远程控制者的联系更加紧密,双方沟通更加自然、舒适。对新闻工作而言,Ohmni 延长了访谈时间,延伸了采访视角。

目前远程展示机器人还未在新闻工作中运用人工智能算法,但可以预计它将会对新闻工作产生深远影响。远程展示工具节省大量旅行时间和费用,随着发展壮大势必会影响到旅行和旅游业务。此外,通过使用机器代替物理接触将促进人们接受人形机器人记者。不久之后,日本机器人的人工智能功能将被引入至下一代远程呈现机器人,以取代奥尔森和希尔使用过的远程呈现机器人。

5. 机器人记者作家

2010 年,新闻行业机器人技术发生重大变革,美国西北大学的计算机科学与通信实验室开发的人工智能算法可用来帮助人类记者进行人性化新闻写作。叙述科学(Narrative Science)是一家从众多实验室学术项目中脱颖而出的商业公司。公司先驱者谨慎地表示,他们的目标仅是为了提高工作效率,而非完全取代人类记者。继叙述科学公司脚步之后,全球有包括美国、英国、德国、俄罗斯、中国和法国在内的 12 家自动新闻叙事写作公司都开发了机器人记者,它们可以进行数据分析并自动撰写新闻报道。其中,上述美国公司即为书中所涉的自动洞察公司(Automated Insights)。

6. 叙述科学公司(Narrative Science)

第一次将事实转化为可读故事的正式商业尝试是西北大学的"统计猴子"(Stats Monkey)研究项目。输入赛事统计数据后,"统计猴子"算法可以自动生成棒球新闻故事。该项研究由智能信息实验室的联合主任克里斯蒂安·哈蒙德博士(Kristian Hammond)和拉里·伯恩鲍姆(Larry Birnbaum)博士领导。

"统计猴子"项目在 2010 年发展为初创公司——叙述科学(Narrative Science)公司。经过计算机科学、通信和商业领域多学科专家团队的共同努力,叙述科学公司开发并注册 Quill 专利,这是一种基于人工智能的新型算法。该团队最初研究目标是对业务分析和自然语言交流进行变革。引用叙述科学公司首席技术官哈蒙德的话说,"Quill 的力量在于它综合数据分析、人工智能和编辑专业知识于一体"(Carter,2013)。

Quill算法分三个阶段运行：数据接收，关键事实和见解的提取，以及在无人工参与下将事实和见解转换为可读故事。Quill试图提供洞见和预测。哈蒙德解释说，"基于数据分析结果，驱动启发式推理引擎和生成中央自然语言……基于数据，Quill可以在几秒钟内重现新闻故事"（Carter，2013）。据哈蒙德所述，除了重现故事外，Quill还能够创造新闻"报道"（Marr，2015）。哈蒙德表示，随着公司进一步发展，其故事报道将更具解释性和新闻可读性，并最终生成长篇文章。

Quill允许公司的客户自主选择故事基调。公司客户之一，数据探索者（Data Explorers）首席运营官乔纳森·莫里斯（Jonathan Morris）表示："无论是像一个气喘吁吁的金融记者在交易大厅尖叫的声音，抑或枯燥无味的卖方研究员迂腐地带你穿过交易大厅的声音，只要你喜欢就可以选择这种故事基调。"（Levy，2012）"撰写一个不相干的故事并不比写一个直截了当的美联社风格故事更难"，叙述科学公司的产品副总裁拉里·亚当斯（Larry Adams）表示（Levy，2012）。

Quill算法还可以学习它所涵盖领域的语言，并自动选择合适的语言编写故事。例如，当Quill被指派撰写其所覆盖的某一城市餐馆业务的故事时，经过训练，Quill会在餐厅评论数据库中学习餐馆评论的相关内容，例如调查等级、服务水平、食物体验和其他各种客户评价。在短时间内，Quill可以开发故事的叙事结构，并能够源源不断地写出小餐馆评论（Podolny，2015）。哈蒙德预测，"关于故事撰写，20年后公司将所向披靡"（Levy，2012）。

隐喻作为较人性化的概念也被整合到叙述科学公司的算法中。哈蒙德表示，叙述科学公司致力于通过创建"更深入、更细致的分析，更具表现力、更有趣的排比修辞方式和使用隐喻"来提高文章的质量（Goldberg，2013）。尽管如此，本质上Quill运行依赖于大数据，有且仅有在数据可用且问题已被定义时Quill才能编写故事。如果没有数据和定义明晰的问题，Quill无法顺利运行。

叙述科学公司2017年在其网站上发布预测："叙述科学公司预测，使用与机器人对话的界面将成为常态。人工智能界面设计者不断优化人机交互过程，比如添加语气、情感、时间、视觉提示和单词选择等元素，这些技术改进提升了算法的易接受程度。"

叙述科学公司预测，更多工作将集中在如何克服当前人工智能系统中主要障碍：独立的人工智能系统无法彼此交互。如果缺乏个体系统的交互过程和"人工智能与人工智能交互的通用标准……人工智能技术将陷入桎梏，当多个人工智能系统参与单一决策时,它们会相互消极干扰"。人工智能系统集成仍需要进一步研究发展,叙述科学公司表示,人工智能研究的主要目标是开发"通用人工智能系统",如此便可允许单个"狭义人工智能"系统(目前尚未实现系统交互或从连接不同算法的人工智能系统中受益)彼此"交谈",发展出像人脑一般运作的集成人工智能智慧。

叙述科学公司预计,未来将投入更多努力以修正算法偏差。因为算法可能会受到程序员各种有意或无意偏见的影响。目前没有任何工具可以实现搜索隐藏偏见的功能,这也是机器人作家的主要桎梏之一。

最后,叙述科学公司认为,媒体机构会对人类新闻业构成威胁,为了更高效率和投资回报率,高效且经济适用的人工算法终将会取代人类记者,并威胁到人类记者的言论自由权利。

7. 自动洞察(Automated Insights)公司

另一家全球领先的机器人新闻开发公司——自动洞察(Automated Insights),声称其专有的人工智能算法"如同拥有个人数据的科学家,算法通过搜索大型数据集为使用者撰写充满重要见解的文章。我们实时跟进且以百万计规模来做……我们帮助网站所有者洞察网站分析中的隐匿见解……我们正在创作数以亿计的个性化故事……,无论是体育、金融还是商业情报——我们都可以实时将任何数据放入其历史背景中"。

经过编程,自动洞察公司的算法可以生成任何格式的新闻叙事:比如摘要、简讯或长篇文章。由此产出的新闻叙事可以多种格式发布——电子邮件、移动应用程序和所有类型的社交媒体。微软、彭博、MSN 和今日美国等著名公司都是自动洞察的座上之宾(客户)。

类似叙述科学公司算法,自动洞察公司的算法通过识别模式和提取关键洞见来"人性化数据",根据上下文和关键洞见给予次序偏好,然后生成所需格式或语言的新闻叙事,基于云平台最终可在所有新媒体平台上实时发布故事。

8. 中国梦幻写手(Dreamwriter)

中国互联网巨头腾讯于 2015 年进入机器人新闻叙事写作领域,当时腾讯推出了具有高速计算和信息搜索能力的梦幻写手算法,能够在一分钟内写出一篇新的 1000 字文章。腾讯的目的不是让机器人来取代人类记者,而是让人类记者能自由地专注于更具挑战性和更为智能的任务(Can,2015)。2016 年巴西夏季奥运会,在为期 15 天的体育赛事中,梦幻写手制作了 450 条奥运新闻,新闻内容大部分与中国赛事相关。报道速度迅捷,在赛事结束后几分钟即可出现。现在电子游戏领域中也开始应用机器人内容作者,可根据用户在游戏期间的表现发布实时报道。

9. 洛杉矶时报

洛杉矶时报的数据库经理本·韦尔什(Ben Welsh)在报社数据库中利用算法创建生成新闻报道,该数据库由公众部门或政府部门自动或手动提供,例如股市信息、洛杉矶警察局犯罪报告和美国地质调查局报告等。2013 年 2 月 1 日,加州圣西蒙海岸发生 3.2 级地震,利用算法洛杉矶时报在 8 分钟内迅速发布相关报道,并在报道中附有显示地震震中的地图。记者肯·施文克(Ken Schwencke)编写了自动撰写报道的程序并以此发表文章(Marshall,2013)。本·韦尔什解释说:"将结构化数据引进后,一旦震中临近加州且高于某个震级,算法便会自动识别并撰写相关新闻报道。如同我本人亲自撰写博客一般——算法程序会立即生成地图、博客文章、标题,然后自动发布到我们的博客平台上。"本·韦尔什将如上这种自动写作过程视为"人工辅助报告"(Marshall,2013)。

经过编程处理后,洛杉矶时报的算法甚至可以提出只有有经验的记者在特定情况下才会提出的问题。例如,在凶杀案等犯罪案件中,算法查看最高保释金记录,在数据库中搜索重案要犯,或者梳理公共服务岗位的职业列表和熟悉人员的名单(Marshall,2013)。

10. 结论

为保护人类以免机器人对人类构成潜在威胁,1942 年科幻小说作家艾萨克·阿西莫夫(Isaac Asimov),制定了以下三条定律:

(1) 机器人不得伤害人类,且确保人类不受伤害。

(2) 在不违背第一定律前提下,机器人必须服从人类命令。

(3) 在不违背第一及第二定律前提下,机器人必须保护自己。

阿西莫夫后来又补充了一条定律:"机器人不得破坏人类整体利益",又称为"第零定律",并强调它优先于其他定律(Asimov,1950)。

当阿西莫夫发明第一套机器人定律时,如同科幻小说中机器人角色,机器人与人类并肩作战。然而,目前人工智能的发展已超越这一阶段且旨在模仿人类大脑,这为机器人概念赋予了全新意义。这一特点在机器人新闻中表现得尤为突出,机器人已经具备取代人类记者的诸多特质和相关功能。与此相关的人工智能算法潜在入侵第零定律,因为机器人无法有效通过编程来保护对人类社会生存至关重要的基本人权和言论自由。在本书第 10 章节将详细阐释与此相关的新闻行业和社会目标。

全球范围内商业公司纷纷投身开发机器人记者的事业中去。这些机器人高效快速,运行成本低廉。叙事质量因时提高,叙事基调因人群而变。成本与效率优势致使媒体机构不断采购机器人记者以取代高人力资本、低工作效率的人类记者。机器人记者显然对西方民主构成巨大威胁,因为它们违反了阿西莫夫的第零定律(机器人不得伤害人类整体利益)。不过机器人记者功能有限,擅长文本叙述,但面对年轻人(比如 Y 世代和 Z 世代)不断变化的媒体消费习惯,机器人在新闻叙事上稍显无力。新兴媒体消费习惯需要精炼的文本,更多强调视频剪辑整合,诸如应用虚拟现实(VR)和增强现实(AR)技术以及新型交互应用程序。如上观点将在本书第 6 章中重点讨论。

参考文献

Asimov, I. (1950). I Robot. New York: Doubleday & Company.

Can, Y. (2015). China's Tencent Develops a Robot Journalist to Write News Stories. People's Daily Online. Retrieved from http://en.people.cn/n/2015/0911/c90000-8949019.html.

Carter, J. (2013). Could robots be the writers of the future? Techradar.com. Retrieved from http://www.techradar.com/news/computing/could-robots-be-the-writers-of-the-future-1141399.

Cox, M. (2000). The Development of Computer Assisted Reporting. Paper presented at the

Newspaper Division, Association for Education in Journalism and Mass Communication, Southeast Colloquium, University of North Carolina, Chapel Hill.

Finley, K. (2015). This news-writing bot is now free for everyone. Wired. Retrieved from https://www.wired.com/2015/10/this-news-writing-bot-is-now-free-for-everyone/.

Goldberg, S. (2013). Robot writers and the digital age. American Journalism Review. Retrieved from http://ajr.org/2013/11/25/computer-might-replace-robot-journalism-digital-age/.

Hamilton, J. T., and Turner, F. (2009). Accountability through algorithm: Developing the field of computational journalism. A report from Developing the Field of Computational Journalism, a Center for Advanced Study in the Behavioral Sciences Summer Workshop, Stanford, CA.

Hill, K. (2014). I, Robot journalist: Beaming into CES 2014 from my kitchen. Forbes Online. Retrieved from https://www.forbes.com/sites/kashmirhill/2014/01/08/i-robotjournalist-beaming-into-ces-from-my-kitchen/#5d4f5dba7fb1.

Karlsen, J. and Stavelin, E. (2013). Computational journalism in Norwegian newsrooms. Journalism Practice, 8(1). doi.org/10.1080/17512786.2013.813190.

Keohane, J. (2017). "What news-writing bots mean for the future of journalism." Wired. Retrieved from https://www.wired.com/2017/02/robots-wrote-this-story/.

Kurtz, H. (2002). Robotic journalism: Google Introduces human-less news. Washington Post. Retrieved from http://andrewcoile.com/CSUMB/2002/fall/CST373/scrapbook/robotjournalism.pdf.

Lee, S. M. and Kim, T. Y. (1998). A news on demand service system based on robot agent. Proceedings of the 1998 International Conference on Parallel and Distributed Systems (pp. 528-532). Taiwan, ROC, December 14-16, 1998. Washington DC: IEEE Computer Society.

Lemelshtrich Latar, N. (2015). The robot journalist in the age of social physics. In G. Einav (Ed.), The New World of Transitioned Media (pp. 65-80). Springer. doi: 10.1007/978-3-319-09009-2.

Levy, S. (2012). Can an algorithm write a better news story than a human reporter? Wired. Retrieved from https://www.wired.com/2012/04/can-an-algorithm-write-a-betternews-story-than-a-human-reporter/.

Marr, B. (2015). Can Big Data Algorithms Tell Better Stories than Humans? Retrieved from https://www.forbes.com/sites/bernardmarr/2015/07/22/can-big-data-algorithmstell-better-stories-than-humans/#3939d0ee14b5.

Marshall, S. (2013). Robot reporters: A look at the computers writing the news. Journalism.co. uk. Retrieved from https://www.journalism.co.uk/news/robot-reporters-how-computersare-writing-la-times-articles/s2/a552359/.

Matsumoto, R., Nakayama, H., Harada, T., and Kuniyoshi, Y. (2007). Journalist robot: Robot system making news articles from real world. Proceedings of the 2007 IEEE/RSJ, International Conference on Intelligent Robots and Systems, San Diego, CA.

Mullin, B. (2016). The Washington Post will use automation to help cover elections. Poynter. Retrieved from http://www.poynter.org/2016/the-washington-post-will-useautomation-to-help-cover-the-election/435297/.

Mullin, B. (2017). The New York Times is teaming up with Alphabet's Jigsaw to expand its comments. Poynter. Retrieved from http://www.poynter.org/2017/the-new-york-timesis-teaming-up-with-googles-jigsaw-to-expand-its-comments/463135/.

Olson, P. (2013). Rise of the telepresence robots. Forbes Online. Retrieved from https://www.forbes.com/sites/parmyolson/2013/06/27/rise-of-the-telepresence-robots/#e6ff20bac034.

Podolny, S. (2015). If an algorithm wrote this, how would you even know? The New York Times. Retrieved from https://www.nytimes.com/2015/03/08/opinion/sunday/if-an-algorithmwrote-this-how-would-you-even-know.html.

Radinsky, K. (2012). Learning to Predict the Future using Web Knowledge and Dynamics. (Unpublished doctoral dissertation). Computer Science Department, Technion, Israel. Retrieved from http://www.cs.technion.ac.il/users/wwwb/cgi-bin/tr-get.cgi/2013/PHD/PHD-2013-02.pdf.

第4章 大数据和高级分析

阿米尔·拉斯金

如果说有什么能与历史记载和印刷术比肩的伟大发明,那便是大数据分析了。在漫漫历史长河中,数据生成、记录、分析和对社会的影响从未像现在这样容易。那么我们是如何积累海量数据的?一方面,是因为人类痴迷数据;另一方面,则是由于社交网络和物联网推动下数据收集便利性的提高。

在本章中，我们将带领读者穿越神奇的生态系统——数字宇宙。从大数据前景，到数据分析基本方法，再到云服务的爆发推进机遇的迅速增长，我们将看到数据如何改变游戏规则的。本章将提供一个了解数据叙事的窗口，特别是当数据科学、机器学习、人工智能和许多其他超复杂数据分析手段等高级分析工具提供支持时，数据叙事将如何演绎。最后，我们将演绎数据经济如何从"数据即服务"模型演变为"数据即产品"模型的。

1. 大数据的诞生

人类总是对数据着迷。当苏格拉底将视角拉回人间，好奇心便驱使我们对世界作出回应——为什么黑死病如同梦魇一般缠绕欧洲，人类何以从大萧条中幸存？但回答这些问题总要经历冗长而复杂的人工数据收集过程，经过千百次问询后整理数据才能得到答案。好不容易历经辛苦求得一点"真经"时，新的数据又如洪水般涌入，因此这种陈旧落后的收集方式显得低效。今天，物联网即通过互联网连接的设备，可以在短时间内收集和共享大量数据，即使最微小的细节也包括在内。学界对大数据的定义尚未达成共识，转向解释大数据的功能比定义大数据更为容易。对于笔者，大数据是数字程序和我们在社交媒体中的行为产生的海量数据，无论从事何种职业，只要对大数据加以运用和分析，都会使人受益匪浅。

大数据是新闻工作者的福音：利用数据技术，记者和媒体为新闻业创造更多价值。例如，了解市场营销中用于目标客户的 SoLoMo 原则（即社交、位置和移动）对记者工作也大有裨益。SoLoMo 原则主要关注人们使用个性化网站和应用程序的信息，尤其关注社交网络：他们在脸书上发布什么信息、他们在哪里签到打卡、他们喜欢什么、在照片墙上分享什么、他们的位置以及他们如何使用手机。任何用户数据可以被报纸、新闻网站或杂志媒体利用，根据用户偏好推送定制化文章，最终达到增强相关性和提升客户黏度的目的：由于文章内容适合读者口味，读者对相应报纸、杂志或网站的依赖程度将大大提升。

社交　　移动端　　位置

人工智能重塑新媒体价值的另一案例是利用数据分析进行前瞻预测。通过挖掘关键数据节点、整合突发新闻标题,算法可在事件曝光后立即发布新闻。但是,大数据最大价值在于前瞻预测能力。如果使用和分析数据得当,大数据可以预测战争、劳工罢工、恐怖袭击、选举结果和网上支出等问题(图4-1),并帮助记者预测时尚趋势变化、自然灾害、交通堵塞、作物布局等各个方面。充分利用数字设备和数据接收传感器而来的数据,人类记者不仅可以夯实主业发布新闻,还能做出利好读者的前瞻预测。

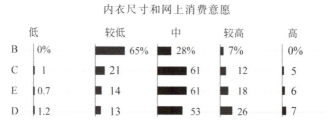

图 4-1　用内衣尺寸预估网络购物习惯

SalesPredict(2016年7月被易贝收购),大规模数据集和大批量使用强度预测功能例证。"此次收购将强化易贝的人工智能、机器学习和数据科学等领域,用以支持公司结构化数据计划。对于公司,它将帮助我们更好地理解产品价格差异属性,对于卖家,它将帮助构建产品销售预测模型,该模型定义了在给定时间和价格前提下产品成交的概率即一定价格下一段时间内的成交可能性。"(https://www.ebayinc.com/stories/news/ebay-acquires-salespredict)。

在谷歌云平台上可以轻易找到一款基于Quandl的金融市场预测工具,利用(Quandl是"服务专业投资人士的金融经济数据库软件")真实公共数据来帮

> 助预测金融市场未来走势。(https://cloud.google.com/solutions/machine-learning-with-financial-time-series-data)。
>
> Kaggle.com 定期举办数据分析(数据科学)趣味竞赛,竞赛题目往往是极具挑战性的数据分析问题。比如要求世界顶尖数据科学家帮助国土安全部门提高用于预测乘客威胁的算法的准确性,获胜者将得到 150 万美元的奖励(https://www.kaggle.com/c/passenger-screening-algorithm-challenge)。

2. 如何分析数据?

要理解数据分析就要理解数字世界,在这个世界里,每个个体都有多个方面。以参加过曾经出现恐怖袭击的音乐会的人为例。人员数据可以根据种族、收入、性别、教育背景或其他类别信息进行汇总。以种族、收入、性别和教育背景为标准,进行信息切割和信息挖掘(或它们的组合)以进一步分析问题,信息切割或从多方面分析信息可以增强理解(信息切割是指在不同层面逐步挖掘信息时,将信息切分成不同部分)。即使单个事件也蕴藏丰富数据内容。比如记者使用传统方法寻找信息时,尽管其搜索范围仅限于参加音乐会者的人口统计资料,但也无异于大海捞针。然而数据分析技术却可瞬时完成,其终极目标是将研究结果以人类能够理解的片段形式呈现出来。

自人类文明觉醒,人类只能看见两到三个维度(正如我们所感知的视觉宇宙)。因此,可视化和信息图形可以进一步将主题分解为许多更有洞察力和更容易理解的部分。当你看到如何从多个维度分析来自一个事件的数据时,你就开始理解数据分析的可能性及其价值,不仅对记者,对任何可以从信息深度获益的人都是如此。

许多媒体机构已经开始使用数据分析来提高客户参与度,增加读者数量以及提高编辑部运作效率。例如,通过信息图表重新包装文本内容以促新闻消费;依靠统计数据支持,信息图表的发展如虎添翼。数据显示,图像和信息图表等可视化信息比文本更易于阅读。不同媒体组织需求和目标各异,因此其分析工具、研究方法以及由数据衍生的组织功能也不尽相同：比如观众参与型编辑、观众开发型编辑和首席数据官，他们都擅长与传统记者进行合作，确保传统记者深入了解并有效使用数据。

3. 数据和云革命

过去，新闻编辑室和媒体机构是收集重大事件数据、新闻和信息的主要源头；但是今天每秒内都有海量数据生成，人类面临着数据泛滥的问题，由此引致的技术问题是数字世界的数据量远超普通公司数据中心的存储容量。技术带来问题也创造答案：第三方云服务商提供服务器数据托管服务（即大众熟知的公共或私有云服务），从而在不同云平台上自由地访问、共享和存储数据。日常生活中最广为人知的云服务是电子邮件服务器，它可以保存个人电子邮件，并且用户可在任何地方以任何设备登录邮箱访问邮件。

大数据与云存储和计算紧密相连、相互依存。使用数字设备和社交媒体越多，在数据库中创建、提炼、分析和存储的数据就越多，我们也就越有能力基于客群过往喜好预测消费者行为、选择和兴趣。

Hadoop 等大数据管理软件帮助我们分析数据并据此锚定产品和用户，比如为读者和消费者提供个性化定制新闻。目前为止人类已经具备一定的数据分析能力，但最让人激动的技术突破是数据分析的及时性。数据的实时分析能力使得媒体专业人员能够利用最新数据进行处理和分析以补充实时报道，获得额外价值。记者们不再需要漫长地等待调查结果以支持报告结论；相反，他们可以从云平台上实时访问数据。尽管无法预知技术发展的力量将如何全面影响媒体从业人员（该项服务的消费者），但它绝对会为新闻报道增添更广阔的维度。鉴于以往，资于治"客"，大数据使数字媒体叙事个性化和定制化服务成为可能。

免费商业智能工具的另一例证是 BIRT 开源项目（http：//www.eclipse.org/birt），用户仅需少量技术知识，就可以安装和使用软件。以下屏幕截图表明，用户可轻松访问 BIRT 软件并生成所需数据图形：

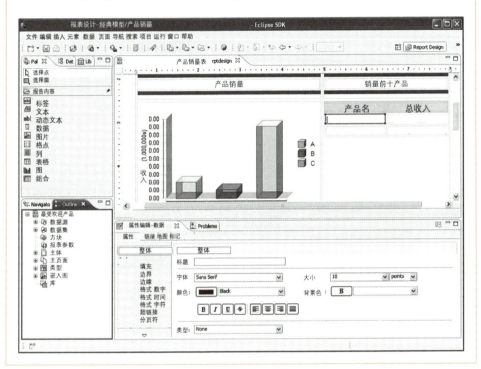

多数一流数据技术公司都向用户提供可直接使用的基于云计算的解决方案。例如，亚马逊的 AMS（Amazon Web Services）可轻松启动和运行大数据应用程序。设定环境后便可开始分析用户收到或购买的大型数据集（该功能可供私人使用）。详见 https：//aws.amazon.com/big-data/getting-started。

ClicData 的"个人"版本，版本特点为数据分析便利性、结果精确性，以及数据可视化功能：

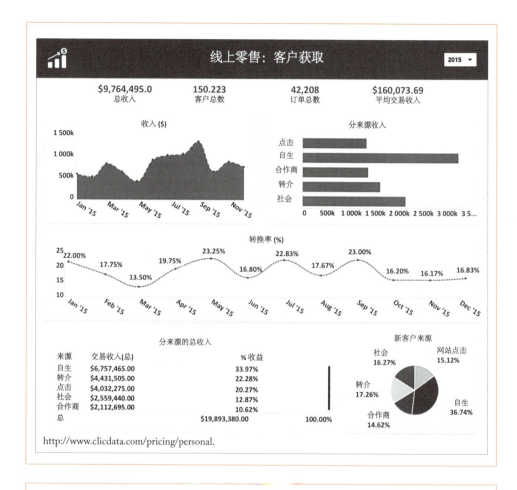

目前在世界各国政府管理的开放数据库中,可以查询和下载到大量数据。例如,美国劳工统计局(Bureau of Labor statistics)数据库包含如通胀与物价、就业与失业、薪资与福利等经济数据。

微软 Excel 中 Pivot 表功能,是切割信息最简单的工具,它可将多维数据集加载到 Excel 当中。例如,在 USA data.gov 公共站点上,可以找到自 1995 年以来纽约州立大学的建设基金合同数据,点击下载链接可将 CSV 格式数据加载到 Excel 中。然后在 Insert/PivotTable 下点击应用 Pivot 表功能——你会惊讶自己能取得的成就(https://catalog.data.gov/dataset/state-university-construction-fund sucf-contract-start-1995)。

在公共 Indie Web(以人为本的议题和"公司网络"的替代方案)中,可以获得社交图表和活动数据集。可以在 http://www.indiemap.org 网址中找到数据分析和交互式数据可视化功能：Indie 地图统计

"探索麦迪逊计划"(Madison Initiative),旨在"帮助创造有利于让美国国会及其成员以利于美国人方式进行思考、谈判和达成共识的条件。"使用 Kumu 查询数据时,"强大的数据可视化平台可将复杂信息组织成交互式关系图"[http://kumu.io]。这种基于云计算的解决方案甚至不需要安装任何软件,就可以保证技术小白在几秒钟内"启动并运行"。

4. 数据说明问题

我们都在走向数据驱动型的数据优化经济时代。机器将会自动鉴别模式并训练自己解决问题、做出预测。当机器模仿人类思维时,人工智能将从机器中快速产生数据：比如高尔夫球俱乐部会对客户挥杆动作进行反馈,或者洗衣机会对清洗时长做出总结。为了吸引媒体消费者订阅数据产品,媒体组织已经开始使用数据科学来构建内部产品用以解释和预测客户行为。机器可以预测何时消费者兴趣下降,何种类型的故事更受欢迎,何时正面新闻比负面新闻更为有效。《纽约时报》等媒体机构的内部数据科学家正在利用数据,训练机器鉴别模式并做出预测,他们希望能从机器学习和人工智能中获益,提高盈利水平。

新闻编辑室正处在十字路口。当信息不再是传统媒体机构的唯一特权时,因循守旧就不再有效。正如我们现在使用谷歌地图导航一样,新闻是否具备潜在消费可能基于它是否能够影响信息和知识需求。在《哈佛商业评论》上发表的一篇文章中,斯特赖克莱瑟(Strikeleather,2013)概述了如何生成伟大数据故事的典型步骤,创造引人入胜的故事内容,针对客群不断调整故事,保持客观性和平衡性,不要丢弃不符合故事内容的数据。学会熟练使用数据语言及工具。毫无疑问,这正是人类记者应该掌握的下一种语言。

5. 高级分析——数据科学、数据挖掘和人工智能

在信息经济时代,人类的所作所为都会留下可供收集、处理和分析的数据印迹。从资源中提取信息是构建大量数据的第一步,也是关键一步,它是高级分析的意义所在。数据分析会启发这些群体如何使他们的工作更有效率以及更有影响力。

对于每一个记者或媒体人而言,故事的出发点很简单,即"为什么?"普通人对一个问题得到答案后就可能满足,但记者永远保持对世界的追问:深入真相是记者永无止境的追求。通常情况下,调查性新闻始于直觉,比如当记者注意到有些东西并不完全正确时;随后数据便被查找、收集和分析。与之相反,通过高级分析,机器可以从数据中鉴别模式、快速分析,并产生见解,记者便可不再凭借直觉转而利用这些见解进行新闻叙事。

人工智能和机器学习是当今时代的热门话题。每个人都在他们的谈话中加入了这些术语。人工智能和机器学习经常可以互换,因为它们彼此相互作用。人工智能指的是系统和设备的智能行为与独立行为能力。例如,新闻机构已与第三方人工智能技术提供商合作,发布自动生成的季度商业报告或体育报告。人工智能的使用大大增加了生成的报告数量,同时减少了其中错误。目前该技术的使用并不广泛,因此自动生成此类报告的机会有限。

路透社与语义技术公司 Graphiq 合作,制作交互式可视化数据以供新闻报道中使用。随着事件发展,交互式可视化数据随之变化更新。远比存档照片更为丰富,可视化技术随大数据实时更新。然而,人工智能应用仍处于起步阶段,未来并不完全如童话般美好。比如脸书试图用人工智能管理热门话题时就遭遇了尴尬,

最终被迫删除了一条被发现是精心策划的假新闻——这也提醒真正无人监管的人工智能时代尚未到来。

人工智能革命的动力源自机器学习。工程师多年来一直试图设计机器程序来做事，当前技术重点是让机器学会自己做事。工程师已经不再直接编程，而是教计算机和机器鉴别模式和过程。他们把学习机器与互联网相连，并访问数据，然后等待机器分析结果。例如，报社可以使用机器学习来分析读者的阅读感受（喜欢或不喜欢），据此分析和鉴别热门主题。

> 参阅《赫芬顿邮报》对其访问者感兴趣的主题所做分析。通过分析海量数据生成预测（即预测 HuffPost 访问者将感兴趣的问题）或分类（即如何将访问者分类为行为相似的组）的能力是数据科学分析的专有领域。详见 http://reutersinstitute.politics.ox.ac.uk/publication/big-data-media。

6. 分析即服务

所有媒体机构都能从大数据中获益，但只有通过引入大数据新型技术才能从中受益并保持一定竞争力。像《纽约时报》类似的主要媒体机构已经设立相关部门，并逐渐被转型为数字公司。路透社等其他公司也正全力与第三方进行合作以填补技术空白。

以下有两个公司运用数据技术的案例。其中一家直接招募组建公司数据科学家团队，而另一家则选择与具有数据可视化专业知识的外部自动化交互式图形提供商进行合作。后者是典型使用分析即服务的案例，在此种模式下媒体机构将其分析能力外包，外包公司从中收取一定费用。对于某些公司而言，与其在组织内部建立一个完整的数字生态系统，不如委托专业分析团队为其服务，以满足其部分数据分析需求（称为混合系统）或所有需求，从而让公司专注其核心竞争力。

分析作为一种服务正在迅速普及，越来越多的公司在分析领域开始立足，并在提供相关场外服务。事实上，数据科学家是世界上最受欢迎的专业人士之一，"分析即服务"模型中包括咨询机构、现场安装或众包。许多分析解决方案已经成熟，甚至可以为印度、爱沙尼亚和中国等海外地区提供完整的项目开发、管理和运营服务。

7. 数据作为一种产品——数据货币化

如同金钱，数据只有在得到充分利用时才能彰显内在价值。纵使数据传输速度迅如疾风，数据储备数量多如牛毛，但数据的真正价值在于其使用方式。数据是数字世界游戏规则的改变者，因此善用数据者将具竞争优势。

一些先锋企业试图找到最大化数据经济潜力的机会，然后尝试如何将数据任其所用解决问题。例如，假设一个媒体组织希望增强读者黏性，公司将客户数据划分成多个维度，如消费能力、收入阶层、内容相关度、年龄群组，从而根据分类结果定向推送数据。此类数据分析可在公司内部执行，也可以外包给服务商。

为了提高产品吸引力，媒体机构常以不同方式制作、打包和捆绑内容。按需娱乐和按次付费已经成典型模式。部分媒体机构让客户自主选择购买付费节目，通过开通第三方建立的支付网关不断寻找新的创收方式。

媒体组织可将原始积累数据或处理打包出售或与商业伙伴信息互换，此外还能进行数据分析并据此发表研究报告。媒体机构收集的数据用处颇广，为此它们试图通过与第三方（包括移动服务提供商、信用卡公司和在其平台上做广告的公司）合作收集更多相关数据信息，以实现客群重新定位。

围绕数据货币化，相关技术应运而生。当下数据管理平台（Data Management platform，DMPs）正在兴起，擅长营销和技术强大的企业不断扩大市场份额和影响力。数据管理平台是新兴事物，它们是"存储和分析公司客户、受众群体和营销数据的中心枢纽。数据管理平台通过分析多源的数据，以易于理解的方式将其呈现，以帮助企业充分利用大数据。广告代理、营销人员和出版商等利用数据管理平台建立起丰富的自定义数据集，以有效对用户进行网络宣传"。数据管理平台是市场营销领域中用于数据货币化的新型证券交易所，其仅是数据货币化潜力的例证之一。图 4-2 所示为基于 G2 人群网格的主要参与者。

用于数据管理平台（DMP）的 G2 Crowd Grid^{SM}

虽然距离完全理解大数据潜力及其影响还有很长的路要走，但我们对数据的理解也日新月异。尽管客观存在个人隐私和安全泄露等问题，但大数据将对媒体

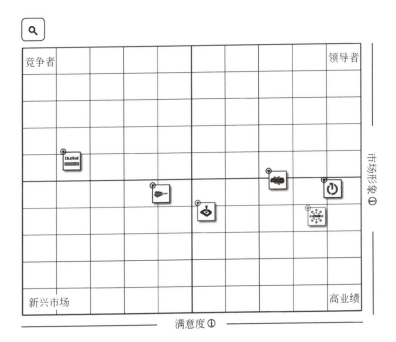

图 4-2 主要数据管理平台（DPMs）

资料来源：https://www.g2crowd.com/categories/data-management-platform-dmp.

消费方式以及自身如何更具相关性和个性化，如何更好地与客户偏好相结合等方面产生深远影响，并最终成为商业合作伙伴的重要数据信息来源。

参考文献

Strikeleather，J. (2013). How to tell a story with data. Harvard Business Review. Retrieved from https://hbr.org/2013/04/how-to-tell-a-story-with-data.

第5章 自动新闻编辑室

诺姆·莱梅尔 史萃克·拉塔尔

采用人工智能算法的自动流程正在渗透到新闻制作和传播的各个方面:为了进行高效的后续新闻搜索,所有形式的新闻内容都被自动标记和追踪;算法在巨大的数据库中寻找新的观点见解,并在没有人类参与的情况下自动编写形成新闻报道;最后,人工智能引擎根据消费者的数字档案确定专属化新闻。有预测称,这些自动化流程将导致新闻编辑室完全自动化,不再需要人工记者。

1. 自动化新闻编辑室

由于在新闻制作和传播的各个方面引入了自动化的人工智能程序,预计媒体公司在未来十年将经历巨大的变化。为了追求效率,媒体机构(可能除了公共媒体)预计会增加他们在自动化上的投资,创建数据库和建设人工智能算法能够挖掘新的事实和社会趋势,撰写新闻报道,并在相关媒体消费环境中将内容自动匹配给合适的消费者。人工智能算法对于所有类型的媒体内容(文本、视频、音频和图像)都可进行自动内容分析和标记,可以分析和标记相互关联的内容消费,包括社交环境、位置、节目情绪和消费者在内容消费中的情绪与参与度(Lemelshtrich Latar and Nordfors,2009)。通过创建消费者的综合社交 DNA,这些人工智能算法使得媒体机构能够自动选择相关内容和广告给匹配的消费者(Lemelshtrich Latar,2004)。

准确衡量内容对消费者行为的影响和每位记者的投资回报率的能力可能会给记者施加巨大压力,以便要求他们根据每篇文章为媒体机构产生的收入来调整内容。机器人记者就是为自动化完成这一目标而设计的。它们的工作速度和根据用户数字档案自动发送内容的能力,使新闻机器人在争夺消费者关注和节约成本方面具有显著优势,并对人类记者构成了真正的威胁。

预计这些新的自动化新闻编辑室将由数据库管理人员和软件编写工程师等新从业者来领导。在被问及鉴于自己的经验,他所在的媒体机构会采取怎样的行动时,《纽约时报》出版人阿瑟·苏兹贝格表示"雇佣更多的工程师"(Doctor,2013)。

2. 行为定位

行为定位是指提供商业或政治内容的媒体为了使内容适应消费者的数字档案而采用的一种技术,以便显著增加内容对消费者商业或政治行为的影响。人工智能引擎使行为定位成为可能,它允许内容提供商和网站所有者持续监控他们的消费者的网络行为,并利用这些信息构建个人数字档案。人工智能算法可以"在浏览网页、在线购买产品和服务、在搜索引擎中输入关键词时或全部三种情况时,根据消费者的行为向他们投放广告"(Williamson,2005)。

图 5-1 中描述的人工智能行为定位模型,概括了基本的信息流元素,这些元素自动分析所有平台上的新闻内容,并根据消费者的数字档案将相关内容和广告传递给消费者。随着消费者的互动和选择,新闻内容不断受到监控——而且这些信息被输入到动态学习模型中并被不断更新,因为它"学习"消费者的电子档案和内容偏好,并不断提高这些档案的准确性。人工智能引擎还通过分析消费者的言语或其他反应来监控情境参数和消费者在互动或消费过程中的情绪状态,并对信息流的简要描述说明了流程:

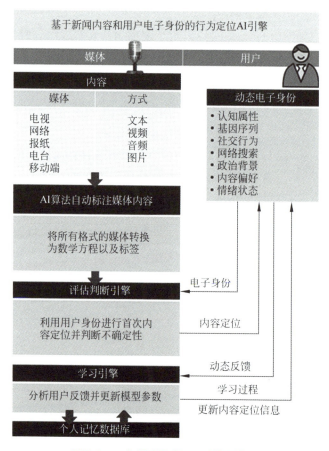

图 5-1 一个行为目标 AI 引擎的模型

资料来源:Lemelshtrich Latar and Nordfors,2009.

- 第一步:通过人工智能算法,分析所有新闻内容并自动标注(标签);
- 第二步:将消费者的数字身份和标注内容输入评估判断引擎进行初始内容

确定。根据消费者的数字档案向其发送相关广告；
- 第三步：消费者与选定的内容和广告进行互动。互动过程将会被监控，同时消费者的注意力和反馈也会被持续记录；
- 第四步：学习引擎分析消费者反应，在模型中自动调整消费者偏好（以概率表示），以便更好地反映消费者偏好。根据新的数字档案向消费者发送新内容；
- 第五步：学习引擎将更新后的信息传输到创建消费者的媒体档案的个人记忆数据库中，并不断更新记录。

第四步和第五步无限继续下去：基于其算法学习的过程，人工智能引擎不断优化消费者的信息档案，并准确地预测消费者内容、产品兴趣和在不同环境下的选择。

3. 建立新闻内容的 DNA

自 20 世纪 90 年代初以来，许多跨学科研究致力于开发有效的方法以便从多媒体新闻内容中自动检索信息和知识，根本上是为了让消费者能够快速、准确地找到他们需要的信息。参与多媒体信息检索研究的研究人员涉及许多领域，包括自然语言处理、人机交互、信息论、统计和模式识别等。多媒体信息检索研究基于新兴的跨学科多媒体研究和系统来处理传统和大型多媒体数据，尤其专注于"可以分析、检索、分类和注释多媒体信息，即使是大型多媒体数据的新型应用程序和服务，也能根据用户的兴趣信息协助建立用户之间的语义和上下文联系"。

大多数研究工具将内容划分为小型数字内容单元，分析并标记这些子单元，最后进行综合分析，以对消费者实际有意义的方式来对整体信息进行归纳总结。在一些应用中，视觉内容用公式转换成数学信息，以便被人工智能算法进行分析（Jeon et al.，2003）。

这些尝试可以追溯到 19 世纪中叶法国作家乔治·波尔第（George Polti，生于 1867 年），他分析了成功的文学作品所包含的要素。波尔第在分析希腊古典文学和法国文学的基础上，列出了在优秀戏剧中出现的 36 个戏剧情景，如向超自然力量祈祷、复仇、失去或找回失去的人、灾难、悔恨、反抗暴君和不可思议之物。波尔第的情景清单持续受到欢迎，作家们经常在创作中使用它，就连《怪物史莱克》的编剧特里·鲁西奥(Terry Rusio)也承认,为了解决电影中的一个问题,他参考了波尔第的清单。在波尔第对戏剧 DNA 的分析之后,其他作家也试图发现好的故事元素和有信服力和吸引力的戏剧,但不是从信息检索的角度写的,而是提供文学"团块",以便让研究人员可以沿着故事的内容要素和脉络来剖析一个故事。

4. 基于内容的图像视频检索

用于图像检索或视觉内容自动概念化的主要策略是使用聚类分析等统计学方法将视觉帧划分为称为"团块"的更小部分或区域。每个"团块"都使用描述性文本进行注释,如颜色、纹理、形状和结构等。然后利用统计学理论将描述图像区域联系起来,将这些图像区域与类似图像的人工注释进行比较(Smeulders et al.,2000),逐渐形成了"团块词汇表",用于描述图像(Duygulu et al.,2002)。

为了开发不依赖于人类主观分析的自动检索方法,图像被按照颜色、纹理差异、形状和其他突出点之类的特征来分割,这就需要相应的技术来识别与连续视频帧相对应的颜色直方图之间的阈值(Flickner et al.,1995)。基于内容的图像视频检索的研究人员开发了图像的数学描述工具,即"签名",使计算机基于统计方法(如聚类和分类)来测量图像帧之间的内容相似性。ImageSpace 这样的搜索引擎允许用户直接查询多个可视对象,如天空、树木和水,它们本质上等同于执法人员用于自动检测色情内容的工具(Flickner et al.,1995)。

脸书在视频内容的自动标注(或字幕)方面做出了重大努力,它了解基于消费者数字档案的内容自动投放的重要性。

> 脸书在使用人工智能系统进行图像识别方面取得了巨大进展,但它也在努力将这项技术应用于视频处理。……它有一个团队致力于自动给视频中的人打标签……以便让你可以在别人与你分享的任何视频中搜索他们……现在脸书可能正在自动为你的行为建立索引……脸书也在致力于自动为视频添加字幕,可以想象,它可以对视频使用与在静止图像中检测物体相同的图像识别技术(Lardinois,2016)。

自动视频标注领域的另一个主要参与者是 IBM,其 Watson 程序开发了一种自动视觉识别系统的算法，该系统基于对图像进行高级机器学习，而且随着时间的推移，用户的使用可以对其进行训练以提高识别准确度。

5. 以人为本的内容搜索

众所周知，用户对多媒体内容检索的满意度涉及多个方面，其中包括理性和情感维度的结合。为减少错误并提高用户满意度，基于内容的图像检索的研究人员意识到，将自动多模型内容分析技术与用户反馈和参与相结合至关重要。这种理解促成了"以人为本的计算"。

此外，每个消费者的搜索都是针对搜索内容和特定情绪状态的。因此，即使是同一个人，基于其搜索时的情绪状态，在不同的时间对相同的搜索可能给予不同的判断。搜索结果的满意度反映了一个人的背景、教育和价值观，以及他或她的情绪状态，这种理解促使情感计算领域发展（Barnard et al.，2003），包括研究和测量情绪（Datta et al.，2006），和"审美维度"的研究（Salway and Graham，2003）。据此这些研究人员将人物情感与环境中的事件相联系，并以此为基础开发从电影中提取人物情感的方法。

6. 媒体参与

在前互联网时代，非公益性媒体中推动新闻业发展的经济动力是以广告为基础的。新闻公司，无论何种媒体平台（报纸、电视或广播），都将消费者的关注度出售给广告商，尽管这些关注度是通过不准确的评级来衡量的。如今，新媒体平台的互动性使得人们可以更加科学和个性化地衡量消费者的关注度，从而创造出比以往更加激烈和复杂的竞争。媒体行业不断开发新的方法，从多个方面衡量消费者的关注度，包括消费者的认知、行为特征以及消费的背景因素。

在这场争夺消费者注意力的新战役中，"参与"这一概念被用来描述消费者与新闻内容之间的关系。根据广告搜索委员会（Advertising Research Council，ARC）的定义，媒体参与是"将前景转化为品牌理念，并通过周围环境予以增强……"。这种有效的策略诠释了营销者的终极目标，即在独特的节目内容设置下，将品牌广告与对品牌的积极影响联系起来（Kilger and Romer，2007）。而这种对消费者参与的关注基于一个基本前提,即参与度更高的消费者会在广告产品上花费更多。基尔格和罗默通过研究电视、互联网和纸媒这三种媒体平台上的媒体参与和产品购买概率,发现随着参与度的增加,在媒体上投放广告的产品平均被购买的可能性也在增加。

基尔格和罗默(Kilger and Romer,2007)认为,可以通过三种机制加强消费者对新闻内容的参与:认知(节目和广告内容对消费者的触动),情感(内容和广告触发消费者的积极评价)和行为(消费者对节目和广告内容的积极关注)。广告界认识到,新闻内容涉及消费者认知、情感特征和行为,这有助于完善基于计算机的信息检索的内容和语境分析。

7. 基于新闻内容的行为和语境定位

对于广告行业来说,跟踪和测算广告投入的目标是强化行为定位:根据基尔格和罗默的观点,可基于认知、情绪和其他行为等背景和个人信息向消费者精准投放广告。谷歌、微软和雅虎在内的大多数互联网巨头都参与了行为定位。谷歌在其官方网站上证实了这一点,谷歌第一代行为定位使用了两个独立的系统 Adwords 和 AdSense。Adwords 通过识别搜索的关键字来定位广告,而 AdSense 则根据消费者浏览的内容定位广告。"例如,如果用户经常访问园艺网站,则该网站可能推送园艺广告"(Kassner,2009)。

目前,研究重点已从早期使用基于文本分析的行为定位转变为开发图像和视频自动标注,这将产生大量具有产品定位潜在价值的数据。例如,AdSense 已实现在 YouTube 中搜索已标注的图片和视频。一旦实现图像和视频内容可被自动分析并生成注释的功能,行为定位就有可能应用于所有新闻内容中。

该行业现在正朝着行为定位和情境定位相结合的方向发展。雅各布斯(Jacobs,2016)认为:"情境定位有关智能投放广告。基于情境定位的投放广告并不依赖客群统计学特征,即位置和简单的浏览历史记录,而是在正确时间将正确信息与正确的人联系起来……行为追踪定位也以类似方式完成,它同样基于网站浏览记录,使用 Cookie(Cookie 是指某些网站为了辨别用户身份而进行跟踪并储存在用户本地终端上的数据)来确定最佳广告投放"。通常认为,情境定位比行为定位更为有效,尤其是当情境导向涉及认知、情绪和行为等参与类别时。人工智能算法有望整合行为定位和情境定位以实现客群最佳定位。

行为定位引发严重的隐私安全问题,这一问题在学术文献和论坛得到广泛讨论。因发明了万维网而饱受赞誉的蒂姆·伯纳斯·李(Tim Berners Lee)在英国议会就隐私和互联网发表了演讲,他表示,他希望"提升用户对互联网供应商及其合作的行为定位,公司侵犯用户隐私行为等事件,在技术、伦理和法律层面提高维权意识"(Watson,2009)。隐私保护问题非常重要,遗憾的是无法在本章进行更深入的讨论。

8. 社交网络中的行为定位

社交网络的特点是用户上传个人数据(包括文本、图像和视频)多属于自愿,这为行为定向提供了沃土,并且行为定向已成为所有互联网巨头商业模式的基础。由于行为定位包括新闻内容,社交网络粉丝数量是记者绩效的直接体现,媒体组织便可根据绩效对人类记者进行评判。

包括脸书、照片墙、推特和品趣志(Pinterest)在内的所有主要社交网络都允许消费者在平台上浏览和购买产品,这些平台正在成为所有产品销售的新兴市场,包括新闻产品和新闻报道。2016年,色拉布的营收总监Clement Xue宣布将在本年为广告商引入行为定位(O'Reilly,2016)。

"大约93%的千禧一代人在社交网络上花费一定时间,电子商务因此可以直接传播到社交媒体渠道中。随着网络购物移动浏览和购买变得更加规范化,这种趋势可能在2017年继续增长……用户信任他们的社交媒体网络,越来越多的人来到这些网络中寻找新的、有趣的内容……"(Foster,2017)。

9. 管理数字身份——开发通用标准

消费者的数字身份是行为获取过程的重要组成部分,它直接影响消费者接收何种服务和信息。全球知识产业已经投入了大量资源用于技术开发和改进数字身份管理方法。例如"联邦身份管理",它代表了在多个可信平台上进行消费者身份识别的全球标准,可以提高用户便利性和效率(Gartner,2017)。根据标准,当用户在使用不同站点和社交网络时,档案的各个部分被收集和被合并为满足单个全球标准的配置文件。该标准已被金融机构、学术机构、美国电子政府倡议组织和其他组织广泛应用。

值得注意的是，国际标准定义的数字标识允许营销人员在网络空间任何站点内跟踪浏览者，并对用户数字身份、性格、兴趣领域和认知能力之间的联系进行广泛研究。基于个人网上行为，数据挖掘"机器人"，即人工智能算法可以自动分析文本、视频和音频内容，并将其转换为个人数字身份（或社会 DNA）（Lemelshtrich Latar，2004）。此外，人工智能算法可以自动识别浏览者动态上网浏览方式。动态浏览方式因人而异，因为它与个人记忆、决策能力和其他认知因素等功能息息相关，只要个人在互联网上仍然处于活跃状态，这个过程就会永无止境地不断被修正。

10. 社会遗传学、数字身份以及新闻业的未来

科学技术发展不断地提高人类对身心的认识。例如，我们今天知道社会行为与遗传有关。理解这些联系及其如何在社会环境中发挥作用对分析机体结构、思想及其生态环境至关重要，有利于加快建构数字身份社会。事实上，在数字身份构建过程中，人的遗传信息可能与其社交网络信息同等重要。

自 2001 年人类基因组计划完成以来，全球顶尖研究机构和商业公司并驱争先，商业竞争集中在生产人类遗传密码图谱机器，基因测序研究和仪器研发，以及绘制人类遗传密码等领域。依诺米娜公司（Illumina），基因测序的领导者，该公司宣布，基因测序单位成本可能很快就会低于 100 美元（Keshavan，2017）。

谷歌等信息科技巨头以及哈佛大学和康奈尔大学等领先的研究中心也已进入基因研究领域，将更快地填补知识研究空白。实验过程中，数据库不断记录所有参与者的广大数字身份信息，深度挖掘并记录个人在线社交互动数据以及智能算法使用，如此便可基于遗传图谱，初步实现预测社会行为功能——如亲社会行为和反社会行为。

从新闻实践角度看，数字身份的出现表明，出版商和记者即将能够预测其新闻故事和叙事如何影响观众和其他利益相关者，即使他们并没有完成这些新闻故事。因此，数字身份将为人类记者带来更为有趣的机遇和挑战。例如，读者使用数字身份信息进行阅读内容筛选，最终保留其所偏好的新闻故事。此外我们做出如下假

设,第一,过滤选项和数字身份的质量足以对读者偏好做出有效评估。第二,广告商具备购买用户关注和互动机会的意愿。第三,记者可以自由访问读者的数字身份和过滤选项,也可以自由访问广告客户信息。符合基本前提假设下,记者可以在写作过程中,对承载其感兴趣读者和对读者感兴趣的广告商的数字身份信息进行测试,再根据记者、受众以及广告商不同目标调整写作,以获得最佳结果。在这种情况下,记者实际上很可能会操纵新闻:创作新闻故事竟然等同于解答包括媒体记者、受众和商业模式的动态方程式。显然,这种做法将扼住新闻自由之喉。

参考文献

Barnard, K., Duygulu, P., Forsyth, D., de Freitas, N., Nlei, D. M., and Jordan, M. I. (2003). Matching words and pictures. Journal of Machine Learning Research, 3, 1107-1135.

Datta, R., Joshi, D., Li, J., and Wang, J. Z. (2006). Studying aesthetics in photographic images using computational approach. In Proceedings of Computer Vision-ECCV 2006, 9th European Conference on Computer Vision. Gratz, Austria May 7. doi: 10.1007/11744078_23.

Doctor, K. (2013). The newsonomics of "Little Data," data scientists and conversion specialists. NiemanLab. Retrieved from http://www.niemanlab.org/2013/10/the-newsonomics-oflittle-data-data-scientists-and-conversion-specialists/.

Duygulu, P., Barnard, K., de Freitas, N., and Forsyth, D. (2002). Object recognition as machine translation: Learning a lexicon for fixed image vocabulary. In Proceedings of the Seventh European Conference on Computer Vision (pp. 97-112). London: Springer-Verlag.

Flickner, M., Sawhney, H., Niblack, W., et al. (1995). Query by image and video content: The QBIC system. Computer, 28(9), 23-32.

Foster, P. (2017). Ecommerce social marketing media marketing trends to focus on in 2017. JustUno. Retrieved from blog.justuno.com/ecommerce-social-media-marketing-trends-2017.

Gartner. (2017). Federated Identity Management. Gartner IT Glossary. Retrieved from http://www.gartner.com/it-glossary/federated-identity-management.

Jacobs, O. (2016). Contextual targeting vs. behavioral targeting. Databili-ties, Retrieved from http://www.databilities.net/2016/09/20/contextual-targeting-vs-behavioral-targeting/.

Jeon, J., Lavrenko, V., and Manmatha, R. (2003). Automatic image annotation and retrieval using cross media relevance models. In Proceedings of the 26th Annual International ACM SIGIR Conference on Research and Development in Information Retrieval (pp. 119-126). http://doi.acm.org/10.1145/860435.860459.

Kassner, M. (2009). Google quietly starts behavioral targeting. ZDNetAsia.

Keshavan, M. (2017). Illumina says it can deliver a USD 100 genome soon. StatPlus.

Kilger, M. and Romer, E. (2007). Do measures of media engagement correlate with product purchase likelihood? Journal of Advertising Research, 47(3), 313-325.

Lardinois, F. (2016). Facebook will soon be able to automatically tag your friends in videos. TechCrunch.

Lemelshtrich Latar, N. (2004). Personal web social DNA and cybernetic decision making, Paper presented at the annual meeting of the International Communication Association, New Orleans Sheraton, New Orleans. Retrieved from http://www.allacademic.com/meta/p112756_index.html.

Lemelshtrich Latar, N. and Nordfors, D. (2009). Digital identities and journalism content. Innovation Journalism, 6(7), 4-47.

O'Reilly, L. (2016). Snapchat is about to introduce something advertisers have been waiting for ages: Behavioral targeting. Business Insider. Retrieved from http://www.businessinsider.com/snapchat-to-launch-behavioral-targeting-for-adver tisers-2016-8.

Salway, A. and Graham, M. (2003). Extracting information about emotions in films. *In Proceedings of the Eleventh ACM International Conference on Multimedia*, November 2-8, pp. 299-302.

Smeulders, A. W. M., Worring, M., Santini, S., Gupta, A., and Jain, R. (2000). Content based image retrieval at the end of the early years. *IEEE Transactions on Pattern Analysis and Machine Intelligence*, 22(12), 1349-1380.

Watson, F. (2009). Behavioral targeting: Profiling or projecting user experience. *Search Engine Watch*.

Williamson, D. A. (2005). White Paper on behavioral targeting. *Wall Street Journal and eMarketer*.

第二部分

人工智能时代的新闻报道

第6章 新型新闻

数字时代的故事叙述

加莉·安纳夫,纳森·利普森

数字平台浪潮正席卷全球,传媒产业的结构和分类正在经历颠覆性的重组。这也被称为继印刷机和工业革命之后的"第三次技术革命"。包括智能手机和社交网络在内的新型数字媒体平台从根本上改变了人类的沟通方式,这种巨大的影响超越了技术本身,使整个社会产生了重大的变化(Einav,2014)。在这一章中,我们认为数字技术的使用和由此产生的新媒体习惯,不仅改变了人际交往的规范,而且也改变了传统的叙事方式。我们将品牌、广告商、新闻平台和记者采用的这种新型叙事方式称为"新型新闻故事"。我们将探讨在数字媒体平台广泛应用的时代,相关的消费者行为变化趋势,及其对品牌与消费者沟通方式所产生的影响,重点讨论数字媒体平台的普及和新闻行业的叙事方式之间产生了何种化学反应。

1. 主要消费者行为趋势

生于 1977 年至 1992 年的"Y 世代"和被称为"Z 世代"或"数字原生代"（Zickuhr，2010）的年轻一代，被市场营销人员和研究人员评为对媒体的使用模式改变最显著的人群。2014 年到 2016 年间，他们每天花费在数字平台上的时间超过了以往的一倍，达到日均 4 小时，其中移动电话的普及是最主要的驱动因素。据统计，在移动电子设备上，年轻人（18～24 岁）大约每天花费一半的时间（49％），65 岁以上的人群则仅花费每日 13％ 的时间。而在观看视频的方式上，年轻人看电视的时间是 65 岁以上的老年观众的一半（分别为 21 小时/每周和 46 小时/每周），而在网络上观看在线视频的时间却是老年观众的两倍（Nielsen，2015）。

自 2005 年以来，互联网用户对于社交网络的使用频率从 10％ 上升至 76％，18 岁至 29 岁之间的用户渗透率更是高达 90％，老年群体的使用频率也在原有基础上有所增加（Perrin，2015）。移动设备的可访问性不断增强是人们在社交媒体上花费的时间大幅增加的主要原因。在社交媒体上，在线视频的使用频率（包括照片墙、脸书、瓦次艾普和脸书信使等消息传送平台）随着用户视频、照片的上传和分享急剧提升，每天通过各种平台分享的照片就已超过 30 亿张。（Meeker，2017）。

另一方面，年轻人喜爱的技术和平台的使用频率也在不断增加。例如，虚拟现实的整体市场规模预计在 2020 年达到 380 亿美元，较 2016 年的市场规模翻了 20 倍（Super Data，2017）。虽然虚拟现实的专用硬件具有相对较高的成本，暂时阻碍了其广泛的应用，但消费者对于将虚拟现实用于旅游、娱乐、活动、家居设计和教育等多个方面表现出了极大的兴趣（Greenlight Insights，2016）。语音激活的人工智能平台也是一个具有广泛影响的技术趋势，如瓦次艾普 Voice、Google Voice、Amazon Echo 和苹果的 Siri。基于语音的社交搜索更具便捷性，这种便捷性代表了一种预计会持续增长的、更为精准的交流方式（Meeker，2017）。如今，游戏化也日益成为一种主流趋势，游戏化的内容已成为数字平台消费者参与度和忠诚度提升的驱动因素（Mak，2016）。据估计，自 2015 年以来，游戏化市场份额已增长了 10 倍。

脸书仍保有全球最大社交网络平台之称，每月有近 20 亿的活跃用户（Zephoria Digital Marketing，2017），但年轻用户却不断转移到其他诸如照片墙（2012 年 4 月被脸书收购）、推特、瓦次艾普（2014 年 10 月被脸书收购）和色拉布等社交平台上。随着脸书成为包括父母、祖父母和老板在内的"人人平台",该平台对于年轻用户的吸引力正在逐渐降低。

对于年轻消费者来说,这一转变的主要驱动因素包括他们希望更好的控制自己的通信,并保持其隐私性和即时性。例如,对于隐私性的新定义,强调控制看到消息的人群选择,而不是对于消息的内容的保密(Boyd,2014)。随着脸书的算法不断演进,这项任务也变得越来越复杂。照片墙、瓦次艾普和色拉布等移动通讯平台通过赋予用户控制消息的受众和有效控制消息分发的能力,建立了规模庞大的网络社交平台。其中,色拉布是一个具有"瞬息即逝"性质的社交网络平台,短视频信息或"快照"在被接收者浏览后就会及时消失,平台提供了一种新的信息控制水平,加强了信息的隐私性和即时性。消费者对这些功能的偏爱使得色拉布迅速普及,目前每日活跃用户已超过 1.5 亿(Smith,2017),其中大多数用户的年龄小于 25 岁。

在色拉布的推动下,如今保护隐私的重要性在迎合老年人社交需求的竞争平台上重现。例如,脸书公司在照片墙、瓦次艾普和脸书信使三个平台中加入了"故事"功能,所以现在照片墙的私人信息也能做到在发出的 24 小时后自动消失。脸书也加入了类似色拉布的功能,这种功能为通过照片进行自我表达的使用者提供了另一种表达途径(Heath,2016)。

在过去 100 年里发展起来的传统叙事方式正在经历转型期(Weiler,2015),信息和文字承载方式的转变已经从根本上影响了人们自我表达的方法。数据显示,年轻人注意力集中的时间比上一代人短 60%。数字原住民将重心放在了围绕消费媒体所构建的新的自我表达形式上,这些表达形式大多数具有视觉化、简短化、短暂化等趋势。比如,推特最初仅限于使用 140 个字符,最近才增加到 280 个字符;瓦次艾普或微信等社交平台,则需要使用短小精悍的消息进行交流。同样具有变革意义的是,表情符号取代了人们对于情感的文字描述,更视觉化的表达普遍地代替了被年轻一代认为是"TLDR"("太长了,不看了")的文本形式(Meeker,2017)。

虽然上一代人群可能倾向于批判性地评判这些表达形式的改变,但这些变化可能并不是社会交往的消极趋势。数字化受众所使用的新表达形式同时带来了新的意义和语境。哈珀(Harper,2010)认为短信并不是"自我一代"自恋的行为表现,而是一种真实自我的表达。卡茨和克罗克(Katz and Crocker,2015)发现包括色拉布的自拍和其他与自拍相关的表达形式，使得一些具有意义的"语言游戏"成为可能，这些游戏使用图片作为沟通中语法和词汇的一部分，"构成了当代文化中视觉交流的一大进步"。

如今，与年轻人相关的交流形式正逐渐被老年受众所接受。在年轻一代的媒体消费习惯普遍被主流所接受的状态下，"新状态"出现了，新状态是一个人们通过设备和社交网络不断连接的世界，这个世界满足了人们对自由选择、自主控制和个性化需求的期望。然而，由于技术变革速度加快，这种新状态的稳定性尚有不足，"技术一代"可能在短短5年内就被颠覆。

2. 重塑叙事方式：品牌迎接"色拉布一代"的挑战

色拉布社交平台融合了许多新兴的消费者行为趋势，其中包括即时的通信、简短的视觉交流、视频和照片的共享，以及满足了消费者对于隐私性的新追求。一种新的叙事形式诞生于色拉布10秒钟的叙事框架之中。如果品牌商们想和精通新科技的年轻一代建立情感联系，就必须用年轻人自己的语言与其沟通（Marci，2015）。随着类似色拉布这类社交平台的推广，无法在10秒内完成沟通的品牌就有可能失去原有的竞争力。类似的叙事框架包括Vine（于2016年停止运营），用户通过推特分享6秒的短暂消息使之快速传播。汰渍公司在2016年的橄榄球大联盟决赛中，在其传统广告的基础上，增加了20个6秒的Vine视频，这些简短的视频与电视上播出的广告相互呼应，比如在亨氏的番茄酱广告之后，播出如何去除番茄酱污渍的短视频（Cream，2014）。

另一个使用新型语言与消费者进行沟通的品牌是YouTube。Youtube在2016年推出了6秒不可跳过的"广告时段"视频，被定义为"视频中的小插曲"（Johnson，2016）。YouTube的"广告时段"考虑到了人群在使用移动设备时注意力持续时间较短的特性，和色拉布引入的短篇叙事形式有异曲同工之妙。

更早的案例可以追溯到2013年推出的"Snapchat Stories"。每一个Stories都由一系列长达1分钟的图片或短视频组成，这些信息会在发出后的24小时内消失。"Our Stories"的推出，为需要进行线上推广的品牌和个人发布者提供了一个能接触到大量年轻用户（主要是25岁以下）的平台。2015年，色拉布推出的"Discover"功能，其目的是帮助用户搜寻其感兴趣的发布者的Stories。2016年，

Discover功能重新上线,并在每个Stories中添加简短标签来统计用户对各种内容的兴趣度,再利用这些统计数据提供内容策划服务。

Playbuzz则是利用游戏化的兴起趋势,为交互式的叙事方式提供了一个创作和发行的平台。Playbuzz允许个人用户、品牌发布者和广告商利用其平台,创造各种形式的游戏,以此更好地吸引年轻人。正如Playbuzz联合创始人兼首席执行官沙乌尔·奥尔默特(Shaul Olmert)所描述的:"出版行业必须适应人们新的网络消费习惯……内容创建者不应再以过时的叙事方式书写内容,必须开始学会依赖新型工具,使所讲述的内容在视觉和叙事方式上更具有刺激性"(MMG,2017)。

Playbuzz的叙事技巧在于相比文字描述,更强调内容所呈现的视觉效果,"游戏化叙事"的主要形式是简短的测试。例如,Playbuzz所创建的"Ford"活动测试,就是让用户选择自己喜欢的汽车颜色。这种游戏形式不但吸引了用户的注意力,还能得到消费者喜好等有价值的信息,这种信息在传统的广告形式中是难以获取的。

Playbuzz的报告称,用户对于每次会话的完成率约为85%~95%,分享率为5%~10%,关注时间为2~4分钟。Playbuzz建立了一个庞大的网络社交平台,每月有超过5亿活跃用户用40种不同的语言在平台上进行互动。这些数据显示出,用户的行为趋势可能对未来的信息发布者和品牌商的叙事方式产生很大影响。品牌商需使用的新型叙事方式具有短暂化、个性化、游戏化、视觉化的趋势,下面一节对此进行了详细的阐述。

3. "新型新闻"

> 我们还没有创造出一份能够充分利用各种新型叙事工具和潜在观众进行充分沟通的新闻报道方式。
> ——《纽约时报2020集团报告》,2017年1月。

过去的100年里,互联网证明了其强大的力量足以颠覆新闻业的发展。互联网时代的到来,不仅致使广播和有线电视服务行业面临着重大的变革和挑战,还颠覆了新闻行业自成立以来的许多基本规则,导致了众多新闻机构遗憾地退出了历史舞台,同时为剩余"幸存者"的未来带去了更多的不确定性。其中,《纽约时报》是一家在数字时代进行改革并成功的幸存者之一。它逐渐将传统的文字叙事工具转变为交互式叙事工具，并设定了一个许多人都不认同的目标：不再以广告收入作为收入增长的来源，而将付费数字订阅作为收入增长的来源。这一目标确定后，广告的收入急剧下降，用户付费订阅的收入迅速超过了广告收入。仅在2017年的第一季度，《纽约时报》就增加了308 000名数字新闻订阅用户（"Trump Bump"），这是该报历史上新增订阅用户最多的季度，数字新闻的订阅用户总量达到220万。根据其《2020年报告》，2016年"《纽约时报》拥有了近5亿美元的纯数字新闻订阅收入，远远超过其他头部出版刊物（包括 BuzzFeed、《卫报》和《华盛顿邮报》）的数字新闻订阅收入总和"（Leonhardt et al., 2017）。

尽管《纽约时报》的故事使新闻业备受鼓舞，但无论在美国，还是在世界各地它的成功对大多数新闻报纸的意义微乎其微。《纽约时报》的编辑和商业人才集中度极高，它拥有规模庞大的编辑部门，在行业内更是享有无与伦比的声誉。《纽约时报》凭借这些优势获得了超过8亿美元的现金盈利。而其他纸媒，即使是那些信誉很高、读者群相对较大的新闻媒体，都处在相对不稳定的位置，相对而言它们的财力资源更少，编辑部门更小，声望更低，市场规模更小，所面对的竞争也更为激烈，尤其是来自谷歌和脸书的竞争。许多新闻媒体已经濒临破产，部分媒体或许会被财大气粗的寡头所拯救，但这些寡头的新闻动机可能并不纯粹。

因此，尽管互联网时代的来临引发了各行各业巨大的创新浪潮，但几乎所有的创新行为都发生在传统新闻领域之外。几家头部新媒体公司成功吸引了大量消费者的注意力和企业的广告资金，其中脸书和谷歌就占据了新闻媒体70%的流量。

这些新媒体公司使用了创新的叙事方式来吸引读者，比如通过移动设备应用程序、虚拟现实和聊天机器人等方式，这些创新的方式在技术时代到来前是无法实现的。年轻的用户对这些新型叙事方式的广泛使用，确保了新闻业将有一个光明的未来。

并不是所有成功的新技术的应用都对新闻业有利用价值，但其中许多有价值的技术应用都涉及了文本、图像和视频等不同的叙事方式，或是这三种形式的组合。这些叙事方式融合了新型技术，提供了极其庞大的分销网络和追随的用户群体。除了已经提到的使用新型叙事工具的应用程序，还有更多类似的应用程序正在被人们使用，比如谷歌 AMP、照片墙、播客和 Slack。

4. Snapchat Stories

正如前面所提,2011年色拉布推出了一个与朋友分享自毁图像的平台。自毁图像的功能已经让人们对其爱不释手,2013年底,色拉布又乘胜追击推出了一个新功能"Snapchat Stories"。与最初自毁图像的功能不同,在Stories上分享的图片可以被所有色拉布好友查看,然后在发出后的24小时内消失。

Snapchat Stories保留了自毁图像功能中的短暂性,强调信息的新鲜度,但增加了用过去24小时的图片和视频集合叙事的方式。这些叙事方式便于消费者阅读,符合消费者关注时间不断减少的趋势。2015年1月,随着Discover功能(Crook,2015)的引入,信息发布者的需求也得到了明确的解决。早期信息发布者和Snapchat保持着收入分享模式的商业关系,即信息发布者保留自身广告销售收入的70%和色拉布广告销售收入的50%(McDermott,2015)。但后来商业关系转变为了另一种模式,即色拉布向信息发布者支付信息使用费,并保留所有广告收入(Kafka,2016)。截至2017年6月,Discover功能已经在Mashable、BuzzFeed、Cosmopolitan、CNN、国家地理等网站推出,单击信息发布者的页面就可以浏览其最近发出的故事。

一些参与到Snapchat Stories中的信息发布者获益颇多。2015年9月,BuzzFeed的乔纳·佩雷蒂(Jonah Peretti)表示BuzzFeed第三大流量来源就是色拉布(Kulwin,2015)。

5. 脸书即时文章

2015年5月,脸书推出了"即时文章"的功能(Constine,2015),允许信息发布者自行决定是否在脸书的移动应用程序中显示整篇文章,并保留文章的原貌。即时文章支持使用所有流量的测量和跟踪服务,以确保流量不会"丢失"。信息发布者可保留其在即时文章中广告销售的所有收入(如果广告由脸书销售,则信息发布者保留70%的广告收入)。然而,越来越多的发布者选择退出这项功能,其原因是脸书开始限制信息发布者投放广告的方式和地点,并改变了其新闻订阅的算法,以减少其对于内容的权重(Backstrom,2016,Moses,2017)。

6. 聊天机器人

机器人的设计目的是使任务自动化。其中,聊天机器人是机器人的一个子类,是模拟对话的输入输出软件单元,通常托管在如推特和脸书的消息应用程序上。实际上,推特上拥有部分最知名的机器人,包括一个在美国地质勘探局监测到5级以上地震时自动发布消息的机器人。聊天机器人可以设计得很复杂,但由于它们托管在通信应用程序上,其用户的注意力持续时间较短,所以往往设计得比较简单。由于构建起来相对简单,一些与新闻相关的聊天机器人,比如《华盛顿邮报》的"Feels Bot"是专门开发的。这款名为Feels Bot的机器人在脸书上进行托管,并于美国总统选举前一个月推出,提出了以下问题:你对这次选举有何看法?读者可以从五个表情符号中选择其一作为回答。《华盛顿邮报》的读者有机会利用这个聊天机器人表达自己的情绪,并可以在该机器人专用的可访问数据库中追踪其他人的选择。

7. 360°虚拟现实视频

360°视频允许观众体验周围的环境,随着观众看到的方向不同而改变景色,如同身临其境。虚拟现实,有时被认为是360°视频的同义词,提供了极具沉浸感的体验。虚拟现实和360°的视频都可以用来体验真实世界的场景,帮助重建历史场景,并引导观众想象未来的场景。它们的应用通常需要使用特殊的硬件,如耳机,或其他人为制造的设备。

关于360°视频的一个例子是新闻机构《卫报》制作的"6×9:单独监禁"。(6×9:单独监禁的虚拟体验,2016)。在这个视频中,观众将观看到"美国单独监禁的监狱牢房,讲述孤独造成的心理伤害"。《纽约时报》开发了一个独立的应用程序NYTVR放置自己创造的虚拟现实作品,目前已有数十个视频可供观看。虽然虚拟现实/360°视频可以让消费者沉浸在报道的事件中,可以说是最令观众信服的叙事方式,但其制作放映成本非常高(大约每分钟10 000美元),并且呈现效果的好坏依赖于硬件,这也使得消费者的使用成本高昂(Giardina,2016)。

8. 货币化

上述提到的谷歌 AMP、照片墙、播客、Slack 等新的叙事工具,至今都没有发展出有利可图的业务。事实上,部分公司仍处于试验阶段,这意味着它们完全没有收入。甚至许多新叙事工具未能完成开发过程,《纽约杂志》首席执行官帕梅拉·沃瑟斯坦(Pamela Wasserstein)表示:"……我们只是想确保,如果我们推出了什么功能,它能提供不同的效果,并满足用户的部分需求"(Owen,2017)。

2017 年 1 月,美国数字内容公司行业协会"未来数字内容"(Digital Content Next,前身是网络发布者协会 Online Publishers Association)发布了一份关于第三方平台的收入报告,其中包括了脸书和色拉布等平台(Digital Content Next,2017)。报告对 2016 年上半年的第三方平台进行了货币化估计,17 个提供收入数据的参与成员平均收入约为 770 万美元,约占同期总收入的 14%;其中 85%(约 650 万美元)来自视频收入,主要是来自广告的收入。

尽管这些叙事工具对于用户有很强吸引力,但仍无法确定它们能否吸引足够多的年轻读者,并以此产生足够多的收入用来支持新闻行业的长期发展。对于这些叙事方法是否会很快过时,并被新开发的技术和应用程序所取代的猜想同样难以预测。尽管《纽约时报》作为传统媒体行业中创新和实验领域的领军人物,有足够的资源投入到实验和开发中,但绝大多数媒体企业用于创新开发的资源依旧非常有限。

值得关注的是,创新思维的采用对新闻业的发展过程起着至关重要作用。部分新闻业的企业由于资源匮乏,无疑正在错失这个重要的学习窗口,只能看着主流媒体探索新的技术逐渐提高用户的交互体验。新技术的采用不仅能增强新闻业的创新思维,而且可能是企业在当今日新月异的技术化世界中唯一的生存机会。

参考文献

Backstrom,L. (2016). News feed FYI: Helping make sure you don't miss stories from friends. Facebook Newsroom. Retrieved from https://newsroom.fb.com/news/2016/06/newsfeed-fyi-helping-make-sure-you-dont-miss-stories-from-friends/.

Boyd, D. (2014). It's Complicated — The Social Lives of Networked Teens. New Haven, CT: Yale University Press.

Constine, J. (2015). Facebook starts hosting publishers' "instant articles". TechCrunch. Retrieved from https://techcrunch.com/2015/05/12/facebook-instant-articles/.

Cream (2014). Tide Super Bowl Vine. Cream. Retrieved from http://www.creamglobal.com/case-studies/latest/17798/36267/tide-super-bowl-vine/.

Crook, J. (2015). Snapchat launches Discover. *TechCrunch*. Retrieved from https://techcrunch.com/2015/01/27/snapchat-launches-discover/.

Digital Content Next. (2017). *Distributed Content Revenue Benchmark Report — New*. Retrieved from www.amic.media/media/files/file_352_1134.pdf.

Einav, G. (Ed.). (2014). Back to the future: Consumer and business trends in the digital age. In G. Einave (Ed.), *The New World of Transitioned Media — Digital Realignment and Industry Transformation* (pp. 1-7). New York: Springer.

Giardina, C. (2016). Cine Gear: Virtual reality stitching can cost $10,000 per finished minute. *The Hollywood Reporter*. Retrieved from http://www.hollywoodreporter.com/node/899697.

Greenlight Insights. (2016). 2016 *Virtual Reality Consumer Adoption Report*. Retrieved from https://greenlightinsights.com/industry-analysis/consumer-vr-reports-2016/.

Harper, R. (2010). *Texture: Human Expression in the Age of Communication Overload*. Cambridge. MA: MIT Press.

Heath, A. (2016). Facebook is copying Snapchat's geofilters by letting people make their own camera "frames". *Business Insider*. Retrieved from http://www.businessinsider.com/facebook-copies-snapchat-geofilters-with-camera-frames-2016-12.

Johnson, L. (2016). YouTube builds "little haikus of video" with no 6-second mobile ads. *Adweek*. Retrieved from http://www.adweek.com/digital/youtube-builds-little-haikusvideo-new-6-second-mobile-ads-171052/.

Kafka, P. (2016). Snapchat wants to stop sharing ad revenue with its media partners. *Recode*. Retrieved from https://www.recode.net/2016/10/18/13326196/snapchat-discover-adsales-plan-change.

Katz, J. E. and Crocker, A. T. (2015). Selfies and photo messaging as visual conversation: Reports from the United States, United Kingdom and China. *International Journal of Communication*, 9, 1861-1872.

Kulwin, N. (2015). This week on "Re/code Decode": CEO Jonah Peretti explains how BuzzFeed won the Internet (Updated). *Recode*. Retrieved from https://www.recode.net/2015/9/16/11618618/this-week-on-recode-decode-ceo-jonah-peretti-explains-howbuzzfeed.

Leonhardt, D., Rudoren, J., Galinsky, J., Skog, K., Lavey, M., Giratikanon, T., and Evans, T. (2017). The New York Times' 2020 Group Report. *The New York Times*. Retrieved from https://www.nytimes.com/projects/2020-report.

Mak, H. W. (2016). 5 examples gamification in consumer engagement space. *Gamification*. Retrieved from http://www.gamification.co/2016/03/10/5-examples-gamificationconsumer-engagement-space/.

Marci, C. (2015). Storytelling in the digital media age. *TechCrunch*. Retrieved from www.techcrunch.com/2015/03/02/storytelling-in-the-digital-media-age/.

McDermott, J. (2015). 5 (more) things we learned about Snapchat Discover. *Digiday*. Retrieved from https://digiday.com/media/5-things-learned-snapchat-dis cover/.

Meeker, M. (2017). *Internet Trends 2017-Code Conference*. Retrieved from Kleiner Perkins Website www.kpcb.com/Internet-trends.

MMG Global Contributor. (2017). The NYT admits print is dead but we can still make people read again [blogpost]. *MMG*. Retrieved from http://mandmglobal.com/the-nyt-admits-print-is-dead-but-we-can-still-make-people-read-again/.

Moses, L. (2017). Facebook faces increased publisher resistance to Instant Articles. *Digiday*. Retrieved from https://digiday.com/media/facebook-faces-increased-publisherresistance-instant-articles/.

Nielsen. (2015). Nielsen cross platform report Q1. Retrieved from: http://www.nielsen.com/us/en/insights/reports/2015/the-total-audience-report-q1-2015.html.

Owen, L. H. (2017). Under its new CEO, New York Magazine is branching out into more "voice-y news products." *NiemanLab*. Retrieved from http://www.niemanlab.org/2017/01/under-its-new-ceo-new-york-magazine-is-branching-out-into-more-voice-y-newsproducts/.

Parse.ly. (n.d.). *External Referral Traffic to Parse.ly Customers*. Retrieved from https://www.parse.ly/resources/data-studies/referrer-dashboard/.

Perrin, A. (2015). Social media usage: 2005-2015. *Pew Research Center*. Retrieved from http://www.pewinternet.org/2015/10/08/social-networking-usage-2005-2015/.

Smith, C. (2017). 135 *Amazing Snapchat Statistics and Facts* (June 2017). Retrieved from http://expandedramblings.com/index.php/snapchat-statistics/.

Super Data. (2017). *Virtual Reality Market and Consumers*. Retrieved from https://www.superdataresearch.com/market-data/virtual-reality-industry-report/.

The Guardian. (2016). 6×9: A virtual experience of solitary confinement. *The Guardian*. Retrieved from https://www.theguardian.com/world/ng-interactive/2016/apr/27/6×9-avirtual-experience-of-solitary-confinement.

The Washington Post. (n.d.). *Feels*. Retrieved from https://www.washingtonpost.com/graphics/politics/facebook-messenger-elections-feels-bot/.

Weiler, L. (2015). How storytelling has changed in the digital age. *World Economic Forum*. Retrieved from https://www.weforum.org/agenda/2015/01/how-storytelling-haschanged-in-the-digital-age/.

Zephoria Digital Marketing. (2017). *The Top 20 Valuable Facebook Statistics-Updated July 2017*. Retrieved from https://zephoria.com/top-15-valuable-facebook-statistics.

Zickuhr, K. (2010). *Generations 2010*. Pew Internet Research Internet & Technology Project. Retrieved from http://www.pewinternet.org/2010/12/16/generations-2010/.

第 7 章 沉浸式新闻

新的叙述方式

多伦·弗里德曼,坎迪丝·科岑

沉浸式新闻是新闻学的一个子类,能够借助虚拟现实等技术,为体验者提供新闻事件的沉浸式体验,从而使其对事件的氛围形成最直接的目击感。本章旨在为对新闻感兴趣,或已有相关背景的行业内人士提供将虚拟现实用于新闻叙事的入门介绍。我们将回顾沉浸式新闻的发展历程,介绍一些关于虚拟现实技术的研究。随后,为有兴趣进入到这一新领域的记者们提供一系列的思考维度。

1. 虚拟现实技术

自虚拟现实技术首次展示50多年后(Sutherland,1965),虚拟现实已经成为大众媒体所使用的一种叙事形式,虚拟现实纪录片和新闻成为其核心主题。2014年,脸书收购了奥库路思(Oculus Rift)由此引发了科技行业对虚拟现实硬件、软件和内容的竞争浪潮。在本章中,我们将为那些对沉浸式新闻感兴趣的非专业人士创造必要的背景知识。斯莱特和桑切斯·比韦斯(Slater and Sanchez-Vives,2016)的研究综述是一篇较好的读物,本章将阐述该篇综述中部分相关内容。

虚拟现实是通过屏蔽来自"真实"世界的信息,同时提供人工生成的高保真多感官信息来提供一种全面体验的技术。目前商业化的虚拟现实系统只能满足使用者的视觉和听觉需求。致使虚拟现实能够使使用者实现高度错觉的因素之一是感知运动突发事件,这些突发事件会导致虚拟现实中的内容随着使用者头部的运动而发生改变。在现实世界中,当我们的眼睛每秒连续移动几次,投射在视网膜上的图像也会不断发生变化,而我们的大脑会主动产生一种对于外部世界稳定的感知。与在显示器上观看电影的感官不同的是,沉浸在虚拟现实中会获得与真实世界相似的感知。这也是为什么人类大脑会认为虚拟现实比电影更"真实"的原因之一。除此之外,其他影响因素还包括有立体感的深度信息和外部信息的屏蔽程度。

这是一个完全不同于其他任何媒介化(或非媒介化)的主观体验。大多数使用者表示,他们不是在简单地在看一场电影,而像是被运送到了另一个时空。20世纪90年代初研究人员就对这一现象进行了研究(Lombard and Ditton,1997;Sanchez-Vives and Slater,2005)。最近,斯莱特(Slater,2009)把这种幻想解释为一种组合的位置错觉(包括使用者感觉自己处于一个空间的程度,以及使用者认为发生在这个空间的事件是合理的程度)。当前最流行的体验虚拟现实的方式是通过头戴式显示器,俗称虚拟现实眼镜。自2016年以来,出现了更多的虚拟现实设备可供消费者选择。最低端的设备包括纸板或塑料眼镜,可以用智能手机作为显示器,并追踪使用者的头部运动轨迹。基本上任何智能手机都可以以几美元的成本被转换成虚拟现实设备。《纽约时报》是虚拟现实应用领域的先驱新闻媒体。2015年11月,《华尔街日报》推出了一款虚拟现实智能手机应用,并向用户发送了100万部纸质谷歌虚拟现实设备。

通过引入某些元素可为体验者提供更好的虚拟现实感受,使虚拟现实的解决方案更加完备。首先,可以引入外部跟踪设备,与目前只检测头部旋转的基于手机的解决方案不同,它允许使用者四处移动。这种基于智能手机的解决方案只有通过加速度计来跟踪头部旋转(三个自由度,且没有加速度设计的手机不能用于虚拟现实)。通过智能手机体验虚拟现实的使用者由于身体运动不会被跟踪,不能进行空间移动,会感到恶心,这种现象被称为模拟晕动症。从技术上讲,目前只有在安装了外部跟踪传感器(比如安装在天花板或墙壁上),才能在六个自由度上进行全头部跟踪,实现头部旋转和头部移动。所谓"由内而外"跟踪技术正在基于机器视觉技术发展而发展,因此下一代的移动虚拟现实或许能够实现在没有外部传感器的情况下提供完整的跟踪。基于桌面的虚拟现实系统的另一个优势是,它们能够受益于电脑专用显卡,从而获得更强的处理能力。

据统计,2016 年有 630 万虚拟现实设备被递交到客户手中(不包括硬纸板和塑料眼镜)(Durbin,2017)。虽然这个数字对新兴技术的早期渗透来说令人印象深刻,但并不意味着最终能够实现全球范围内的大规模应用。虽然无法预测市场趋势,但很明显,许多大型科技公司都在雄心勃勃地研发下一代虚拟现实设备和应用程序,这些装配有新功能的设备和应用程序预计将在未来几年内推出。研发人员的目标是实现恩格尔巴特在 20 世纪 60 年代提出的,能够取代目前基于显示键盘和鼠标与计算机的交互模式(Rheingold,2013)。

大多数虚拟现实内容是基于三维模型和动画合成的,也被称为交互式计算机图形学(CGI)。另外一种沉浸式新闻视频是使用 360°摄像头拍摄的 360°视频。典型的配置包括至少两个广角相机,高端的配置可能包括数十个相机。视频采集后,需要对从多个摄像头获得的视频进行结合,360°视频的编辑过程与传统的视频编辑类似。通过这种方法,人们可以像制作传统视频一样便捷地制作 360°视频。

尽管 360°视频与传统视频在某些方面非常相似,比如这两种技术都允许从多个角度呈现所创建的内容,但它们在制作方法、所提供的使用者交互体验和背后的基本原理等方面都存在重大差异。由于 360°相机可以完整地捕捉环境,而传统视频仅使用数字图像传感器捕捉动态图像,因此其绘制场景和拍摄的场景与传统视频有很大区别。视频编辑器在传统的帧合成中使用的许多技术在虚拟现实中是不可用的。与传统视频不同,虚拟现实技术的使用者可以 360°地控制他们的体验。可以说,360°视频比传统视频更适合应用于新闻行业,因为其能够减少编辑对叙事的影响,为使用者提供更接近记者的原始体验。那么360°视频可以被看作是虚拟现实技术的一种形式吗？我们认为尽管360°视频能够提供诸如感觉运动突发事件和被调控空间的有趣体验，但其依然缺乏交互性和与虚拟空间进行互动的动态能力等特性。

未来基于视频的虚拟现实技术和CGI有望融合，但这可能还需要几年时间。诸如容量视频或动态摄影测量等技术将使用多台相机自动捕捉动态三维场景成为可能。与CGI和360°视频不同，虚拟现实的视觉内容大多是由相机自然捕捉的，其输出结果是一个完整的三维模型，使用者可以在其中随意活动。将静态环境捕获到三维模型中已经变得非常简单，几乎可以自动完成。当前的挑战是如何捕获动态事件。研究者们在几个领域付出了重大努力，其中虚拟现实在诸如体育广播等应用领域具有显著的优势，想象一下，在家的观众可以从任何角度观看比赛，互动，甚至体验比赛，就好像置身于体育场地之中。我们今天看到的仅仅是这些技术的萌芽，考虑到产业界付出的巨大努力，虚拟现实技术有望获得迅速的进步。

2. 虚拟现实叙事

在考虑虚拟现实是否可以，以及如何应用于新闻叙事之前，我们不能忽略人们持续争论的关于叙事能否具有交互性的问题。因此，虽然电子游戏似乎已经解决了交互性困境（Murray，1997），但仍然存在一些争论，即互动媒体已经将叙事者的角色弱化为游戏设计师的职能，只负责设计环境和规则，而叙事则从互动中产生。根据这种观点，完全的交互式虚拟现实实际上可能比其他方式更不适合用于新闻叙事。因为在科幻世界里，世界的构建是一种凝聚社会、地理、文化和其他特征的极富远见的技术（von Stackelberg and McDowell，2015）。例如，开放源码项目Rilao，能够让人联想到太平洋中的一个虚构领地。这个世界的构建结合了里约热内卢和洛杉矶两个真实城市的一部分，为Rilao项目构建出了叙事王国的背景，或者更确切地说是设计了其DNA（von Stackelberg McDowell，2015）。事实上，《纽约时报》资深编辑萨姆·多尼克（Sam Dolnick）对从单纯叙事到构建世界的转变发表了评论："在传统的杂志新闻中，经常有人提出一个想法，这时编辑们会说'这是一个伟大的世界，但没有故事。'现在在虚拟现实中，事情发生了翻转。现在编辑们会说'好吧，这是一个绝妙的故事，但我们需要一个世界。'"（引自Robertson，2016）。

因此,线性和非交互式360°视频可能更适合新闻叙事,也更容易应用于新闻领域。沉浸式新闻先驱诺尼·德拉佩纳(Nonny De la Peña)提出了这些技术之间的融合。在使用CGI而不是视频时,她最常选择线性的,本质上是非交互式的虚拟现实体验。即使如此,由于分配给使用者的部分自由度也会对这些线性虚拟现实体验带来挑战:当事件发生时,使用者可能会因为偶然地往相反的方向看而错过关键事件。

尽管学术界和艺术界进行了多年的探索(Friedman and Feldman, 2006; Galyean, 2005),我们仍然认为虚拟现实是否以及如何用于新闻叙事还没有盖棺定论。虽然对真实事件进行虚拟再现已经引起了广泛关注,但尚不清楚这种应用方式是否最终会成为主流,也不清楚什么样的艺术、伦理和/或专业准则将适用。

3. 透视、移情和虚拟身体

在虚拟现实中,最有趣和强大的手段之一就是第一人称身体所有权错觉,它已被从神经科学研究应用到虚拟现实中。拥有身体的感觉是有适应性的,是由人类与他们的感官环境相联系的能力引起的。在最初的橡胶手错觉实验中(Botvinick and Cohen, 1998),参与者的真实手被隐藏在一块隔板后,同时在参与者面前放置一只以假乱真的橡胶手。通过同时敲击真实手和橡胶手,实验者让参与者产生了一种强烈的错觉,认为橡胶手臂是他们自己的。这种错觉是由进入大脑的视觉和触觉信息不匹配引起的。已有的研究表明,虚拟现实中的虚拟手臂也可以诱导这种错觉(Slater et al., 2008)(图7-1),甚至可以诱导出整个"体外错觉"(Ehrsson, 2007)。参与者戴上一个头戴式显示器,上面播放着他们身后摄像机的视点视频,通过视频,他们可以看到自己的背后。当被触摸到背部时,他们会看到准确的动作被复制到他们面前的身体上,从而产生错觉。

在确定虚拟现实适合研究这种错觉之后,研究人员继续使用虚拟现实探索更多的虚拟身体错觉,最终目的探索身体所有权的潜在神经机制,以及它们可以被操纵的程度(Slater et al., 2008, 2009)。具体来说,研究已经证明基于视觉-运动同步的错觉比基于视觉-触觉同步的错觉更强烈。也就是说,在虚拟现实中的可操纵的虚拟身体所有权是一种有效的体外错觉工具。

这一系列研究表明,虚拟现实和身体的所有权错觉可以用来探索"成为另一个

图 7-1　艺术家丹尼尔·兰多(Daniel Landau)的媒体艺术装置"时间-身体实验"的照片，该装置也是本章作者之一进行的一项科学实验的框架。使用360°视频技术将虚拟现实安装在"橡胶手错觉"装置上。参与者把手放在桌子上，从第一人称的角度观看一段双手放在桌子上的视频。这些手属于不同的性别和年龄段。视频显示，一名女性以不同的方式体验轻拍或触摸双手。实验者以完全相同的方式在相同的时间点触摸参与者的手

人"的新方式。学术研究传播到了大众文化领域，一位斯莱特试验的参与者启发了西班牙巴塞罗那艺术家(Be Another Lab)在2014年建立了一个名为"能够成为另一个人的机器"的项目。

公众对这一话题产生了浓厚兴趣，从而引发了这样一个问题，即虚拟现实是否具有让使用者"成为另一个人"潜力，以及这究竟意味着什么。首先，我们要强调透视和身体所有权错觉的区别。在透视拍摄中，可以从不同的角度来观察场景，你甚至可以从另一个人(360°视频)或化身的角度来看待自己(图7-2)。

在全身所有权错觉中，人们感官是完全不同的，因此行为对人的影响更强烈。你发现自己在一个虚拟的身体里，最重要的是感觉运动：当你移动你的手，你能看到虚拟的手移动；当你移动你的腿，你能看到相应的虚拟腿也在移动。目前的消费级虚拟现实设备缺乏全身跟踪的技术能力，因此暂时无法产生高质量的身体所有权错觉。

(a)　　　　　　　　　　　(b)　　　　　　　　　　　(c)

图 7-2　艺术家丹尼尔·兰多(Daniel Landau,2015)的媒体艺术装置作品《检查站》(The Checkpoint)的照片,也是本章作者之一的一个科学实验的框架。虚拟现实体验是建立在虚拟场景的基础上呈现出逼真的效果。这个场景描述了一名怀孕的巴勒斯坦妇女,在她丈夫的陪伴下,去往医院。这对夫妇到达一个由两名以色列士兵把守的检查站,这两名士兵刚刚接到关于一名女性恐怖分子的警报。双方都因对方身份而感到紧张。该场景从不同角度呈现给参与者:①从巴勒斯坦夫妇的角度;②从以色列士兵的角度;③从"中立"的广角角度。在想要体验不同角度的情况下,是不可能拥有虚拟身体的所有权的,所以导演选择放置摄像机来创建第三人称视角

少数研究实验室已经对全身跟踪进行了实验,并利用全身所有权错觉,科学地探索虚拟现实是否有能力让使用者感受到自己"成为另一个人"。一系列的研究观察了使用者在不同身体中的行为变化和产生的心理影响,结果是戏剧性的。在内隐关联测试中,与成人的属性相比,将自我归类为儿童的属性时,使用者认为事物的体积变大了,并且错觉产生的反应时间更快(Banakou et al.,2013)。有趣的是,虚拟现实已经被证明可以在不同种族的成员身上逆转群体内偏见效应:从身体镜像行为中可以看出,当使用者处于一个黑人虚拟身体时,白人使用者将黑人视为他们的内部群体,而白人则成为他们的外部群体(Hasler et al.,2017)。无论使用者的内隐种族偏见程度如何,都可以获得这种反向的群体内偏见效应。迈斯特尔等(Maister et al.,2015)最近发表了一篇综述,提出了虚拟重现的心理影响的理论框架。

4. 虚拟现实之外

到目前为止所讨论的虚拟现实可以被归为一个大类技术家族的子集,其中包

括：①虚拟现实，它让你相信你处于一个虚构的空间；②增强现实，它使你相信一些虚构的物体在现实世界中与你同在（Witt et al.，2016）；③远程呈现（telepresence）（Heeter，2992），它使你相信你处于一个真实而遥远的地方。所有这三种技术都可以同时应用于单个或多个使用者（创建多用户环境）。增强现实和远程呈现所涉及的技术挑战超越了虚拟现实，主要体现在捕捉和理解真实世界。因此，这些技术可能会在未来的发展中更进一步，它们所能提供的机会远远超出本章所描述的范围。自 2016 年以来，虚拟现实已经广泛向公众开放，而头戴式增强现实设备和远程呈现设备通常不向非专业人士开放，这也解释了为什么没有人尝试开发它们进行新闻报道方面的潜力。与虚拟现实相比，增强现实和远程呈现无疑将实现更广泛的应用；预计它们将对我们制作和体验内容的方式带来更为重大的改变，同时这些技术会给新闻行业带来更大的颠覆性影响。

5. 沉浸式新闻：早期的尝试和当前的艺术状态

沉浸式新闻的历史根源可以追溯到新闻游戏领域：使用电子游戏讲述新闻事件。新闻游戏是由弗拉斯卡（Frasca）创造的术语，被描述为"模拟体验政治漫画"和"满足公众参与公开辩论意愿的媒介"的工具，是受现实情况和社会冲突所启发的一种游戏类型（Treanor and Mateas，2009）（Sicart，2008）。因此，新闻游戏不仅仅是一种游戏形式，而是一种公共辩论的类型，其形成是为了以一种互动的方式阐释新闻。这类游戏的目的不是要说服读者，而是要展现传统印刷新闻没有的交互能力。新闻游戏展示了新闻在社会中的作用以及新闻对各种文化的影响。

"前往关塔那摩"（De la Peña and Weil，2007）便是从新闻游戏向沉浸式新闻过渡的一个典型代表。社会活动家兼记者德拉佩纳对记者无法进入，也无法使用传统工具进行记录报导的关塔那摩监狱感到沮丧，于是他在大型多人在线世界"第二人生"中重建了这座监狱。这个虚拟世界是一个非游戏的虚拟环境，使用者可以在笔记本电脑和台式电脑上进行一种非沉浸式体验。通过这个虚构的经历，使用者经历了成为关塔那摩湾监狱集中营囚犯的几个步骤。正如德拉佩纳解释的那样："我们制作这些作品是因为我们可以把你带到现场，让你觉得你是一个真实事件的目击者。你没有被电视或屏幕隔开，会觉得自己就在那里。"（Schupak，2015）

许多时候，故事都是由有远见的人、作家、技术专家和设计团队讲述的，这一事实对记者在虚拟世界中的作用提出疑问。在虚拟现实世界中,记者被排除在外的典型例子是《西德拉上空的云》——讲述了居住在约旦叙利亚难民营扎塔里的12岁女孩西德拉的经历(Arora and Milk,2015)。记者和摄制组被完全排除在虚拟现实世界之外,这是为了专注于让使用者不受干扰地出现在虚拟现实世界。这个故事的制作聚焦于使用者对西德拉所看到的东西的直接体验,促使使用者在人类层面上与她感同身受。这种基于虚拟现实的叙述形式提出了一个问题,即记者未来是否会被数字模拟程序所替代。如果这种沉浸式的互动变得司空见惯,那么随着自动化机器逐渐取代调查性作家的位置,对调查性作家的需求预计将会有所下降。

德拉佩纳的第一部虚拟现实纪录片《叙利亚计划》的诞生源自其希望创造新闻,并将使用者置于真实现场的愿望。德拉佩纳连同她的创意团队,包括开发人员、设计师和制作人,利用视频编辑和视听录音记录重建了逼真的叙利亚场景。研究小组收集了来自叙利亚的照片和视频,并还原了真实的人物,配上他们亲眼所见的录音和图像。这些场景描述了叙利亚战争的典型时刻,包括阿勒颇熙熙攘攘的街道。在播放歌曲的同时,不知从哪里冒出了一枚火箭,爆炸就发生了。在下一个场景中,展示了难民营,使用者被代入成难民营中的一员,体验一位被迫逃离家园的难民的感受。在"前往关塔那摩"项目之后,德拉佩纳又创作了一个虚拟现实短片,利用身临其境的体验,展示了另一所备受争议的监狱——伊拉克的阿布格莱布监狱,并撰写了一份颇具影响力的宣言(De la Peña et al.,2010)。

重要的是,德拉佩纳的方法(De la Peña et al.,2010)依旧将新闻的原则置于首位,而非复杂的虚拟现实技术。她工作的第一阶段总是从现实世界中收集原始资料,主要是静态图像和音频记录。在第二阶段,利用原始图像和录音进行对虚拟现实中的场景进行重构。由于纪录片中可能会使用编辑和后期制作技术来操纵事件的表述,所以在虚拟现实中的重构场景会比纪录片更具真实性。

本·哈利法(Ben Khalifa)是一名摄影记者和战地记者,他在拍摄饱受战争蹂躏的国家时,目睹了地缘政治变化的后果。他的名为《敌人》的项目是为了通过描绘世界上的冲突来促进世界和平。他使用虚拟现实让使用者与来自三个冲突地区的战斗人员面对面:萨尔瓦多的马拉斯、刚果民主共和国、以色列和巴勒斯坦。他使用房间规模的空间跟踪技术,与重建的战斗人员建立了虚拟现实中的交互。哈利法的作品唤起了使用者的疑问:"如果我站在另一边,我会成为你吗?""试图表明我们都是人类,无论我们的处境如何。"

6. 讨论

沉浸式新闻的出现为新闻提供了一个全新的参考框架,重塑了人们对新闻及新闻制作的看法。沉浸式新闻提供了更具影响力的体验可以经由感官产生挥之不去的共鸣,相比之下,在移动设备上观看文本或视频给人带来的影响转瞬即逝。通过这种多层面的媒体形式,人们能够将自己置于真实(可感知的)生活中出现的情境中。

战地记者兼摄影师本·哈利法认为,他拍摄的照片很难鲜明地呈现他所捕捉到的人物,因此他试图通过彻底改变我们看待故事的方式来引起人们的共鸣。同样的,社会活动家和纪录片作家德拉佩纳也在寻找一种媒介,能够穿透观众的冷漠,从而产生切实的社会影响。两位记者都将虚拟现实作为一种新媒体,认为其可能克服传统媒体(照片和视频)的缺点。广告商也迅速利用了虚拟现实的潜力对消费者行为产生影响:美国电话电报公司AT&T和虚拟现实公司Reel FX为其移动网络发起了一项名为"可以等待"的活动。该活动包括但不限于在AT&T旗舰店放置虚拟现实模拟器,让使用者在坐在汽车模型上时戴上虚拟现实头盔。使用者能看到自己在操纵汽车的同时发短信,并将看到一系列由此引发的危险事件。这个项目的结果是,1000万人承诺开车时不使用手机(Shiroishi,2016)。

虚拟现实是一种有效的说服工具吗?来自新闻和广告项目的轶事证据,再加上积累的科学证据表明,如果虚拟现实的原则得到正确应用,其可以增加使用者的参与度,从而可能对人们的意见和行为的改变产生更大的影响。然而,绝大多数可用的科学验证结果都是基于大学实验室的一次性实验。虚拟现实技术的日益普及将使我们更了解这些结果的生态有效性,并了解虚拟现实是否会比传统媒体对人们的态度和行为产生更强的影响。

因此,问题演变为虚拟现实是否还是一台"同理心机器"。基于前者,我们提出第一人称身体所有权错觉由于能够使人们产生显著的心理效应而具有很大的潜力。然而,如今我们还不知道虚拟现实是否或在什么条件下能够唤起共鸣,因此建议保持谨慎行事。迄今为止,有证据表明,这种"化身于他人"的虚拟现实体验的效果会转移到现实世界,并在现实世界中持续存在。重要的是,目前没有一项科学研究试图在群体冲突的情况下,利用虚拟现实来诱导对外部群体成员的同理心。在这种情况下，对外界群体的敌意可能会与虚拟现实的效果相矛盾，从而可能产生人们不希望看到的效果。

我们应该如何使用虚拟现实进行新闻叙事？我们的观点是，虚拟现实的技术还有待发展。虚拟现实并不是电影院的延伸，就像电影院不是剧院的延伸。电影摄影师可以使用的许多技术，尤其是构图技术，在虚拟现实中都是不可用且不相关的，但是虚拟现实也提供了多种新型的艺术表现手段。我们认为虚拟现实的语言尚未成熟，这与早期电影的处境类似，当时大卫·格里菲斯等导演就不得不说服制片人，特写镜头是合理的。随着大众、虚拟现实艺术家和制作人越来越多地采用虚拟现实，我们希望在未来几年看到其艺术表达语言的快速发展，并呈现出更高的精细度。作为这个过程的一部分，我们期待着沉浸式新闻的指导方案应运而生。

参考文献

Arora, G. and Milk, C. (2015). Clouds over Sidra [video file]. Retrieved from https://with.in/watch/clouds-over-sidra/.

Banakou, D., Groten, R., and Slater, M. (2013). Illusory ownership of a virtual child body causes overestimation of object sizes and implicit attitude changes. *Proceedings of the National Academy of Sciences*, 110(31), 12846-12851.

Botvinick, M. and Cohen, J. (1998). Rubber hands "feel" touch that eyes see. *Nature*, 391(756). Retrieved from http://dx.doi.org/doi: 10.1038/35784.

De la Peña, N., Llobera, J., Pomés, A., Spanlang, B., Friedman, D., Sanchez-Vives, M. V., and Slater, M. (2010). Immersive journalism: Immersive virtual reality for the first person experience of news. PRESENCE: *Teleoperators and Virtual Environments*, 19(4), 291-301.

De la Peña, N. and Weil, P. (2007). Gone Gitmo [video file]. Retrieved from https://docubase.mit.edu/project/gone-gitmo/.

Durbin, J. (2017). Report: 6.3 million virtual reality headsets shipped in 2016. Upload VR. Retrieved from https://uploadvr.com/report-6-3-million-virtual-reality-headsetsshipped-2016/.

Ehrsson, H. (2007). The experimental induction of out-of-body experiences. *Science*, 317(5841), 1048-1048.

Friedman, D. and Feldman, Y. (2006). Automated cinematic reasoning about camera behavior. Expert Systems with Applications, 30(4), 694-704.

Galyean, T. (1995). Narrative Guidance of Interactivity (Doctoral dissertation). Department of Architecture, Massachusetts Institute of Technology, Cambridge, USA.

Hasler, B. S., Spanlang, B., and Slater, M. (2017). Virtual race transformation reverses racial in group bias. *PLoS ONE*, 12(4), e0174965. Retrieved from http://doi.org/10.1371/journal.pone.0174965.

Heeter, C. (1992). Being there: The subjective experience of presence. Presence: *Teleoperators and Virtual Environments*, 1(2), 262-271.

Lombard, M. and Ditton, T. (1997). At the heart of it all: The concept of presence.*Journal of Computer-Mediated Communication*, 3(2). Retrieved from http://jcmc.indiana.edu/vol3/issue2/lombard.html.

Maister, L., Slater, M., Sanchez-Vives, M. V., and Tsakiris, M. (2015). Changing bodies changes minds: Owning another body affects social cognition. *Trends in Cognitive Sciences*, 19, 6-12.

Murray, J. (1997).*Hamlet on the Holodeck: The Future Narrative in Cyberspace*. New York: The Free Press. Rheingold, H. (2013). *Douglas Engelbart's Unfinished Revolution. MIT Technology Review*, 15-17. Retrieved from http://www.technologyreview.com/news/517341/douglasengelbarts-unfinished-revolution/.

Robertson, A. (2016). The New York Times is sending out a second round of Google cardboards. *The Verge*. Retrieved from https://www.theverge.com/2016/4/28/11504932/newyork-times-vr-google-cardboard-seeking-plutos-frigid-heart.

Sanchez-Vives, M. V. and Slater, M. (2005). From presence to consciousness through virtual reality. *Nature Reviews Neuroscience*, 6(4), 332-339.

Schupak, A. (2015).*Being There: Is Virtual Reality the Future of Journalism?* Retrieved from https://www.cbsnews.com/news/being-there-is-virtual-reality-the-future-of-journalism/.

Shiroishi, B. (2016).*Your Inside Connections: 10 Million Pledges and Why it Matters*. Retrieved from http://about.att.com/inside_connections_blog/ten_million_pledges.

Sicart, M. (2008). Newsgames: Theory and design. In S. M. Stevens and S. J. Saldamarco (Eds.), *Entertainment Computing* (pp. 27-33). Berlin, Heidelberg: Springer.

Slater, M. (2009). Place illusion and plausibility can lead to realistic behavior in immersive virtual environments. *Philosophical Transactions of the Royal Society. Series B:*

Biological Sciences, 364(1535), 3549-3557.

Slater, M. and Sanchez-Vives, M. (2016). Enhancing our lives with immersive virtual reality. *Frontiers in Robotics and AI*, 3, 1-47.

Slater, M., Perez-Marcos, D., Ehrsson, H., and Sanchez-Vives, M. (2008). Towards a digital body: The virtual arm illusion. *Frontiers in Human Neuroscience*, 2. Retrieved from http://dx.doi.org/10.3389/neuro.09.006.2008.

Slater, M., Perez-Marcos, D., Ehrsson, H. H., and Sanchez-Vives, M. V. (2009). Inducing illusory ownership of a virtual body. *Frontiers in Neuroscience*, 3(2), 214-220.

Sutherland, I. (1965). Congress report, 1965. *AORN Journal*, 3(2), 123-147. Treanor, M. and Mateas, M. (2009). Newsgames: Procedural rhetoric meets political cartoons. In *Proceedings of the Digital Games Research Association* (pp. 1-8). London: Digital Games Research Association.

von Stackelberg, P. and McDowell, A. (2015). What in the world? Storyworlds, science fiction, and futures studies. *Journal of Futures Studies*, 20(2), 25-46.

Witt, L., Kperogi, F., Sinclair, G., Bohrer, C., and Negash, S. (2016). Journalism: How one university used virtual worlds to tell true stories. *International Symposium on Online Journalism*, 6(1), 5-33.

第8章 冲突地区的新型新闻报道

诺姆·莱梅尔史萃克·拉塔尔

人类记者在报道当今许多全球冲突地区的新闻时,将自己的生命置于危险之中。根据保护记者委员会(Committee to Protect Journalists)的数据显示,自2013年叙利亚内战爆发以来,已有107名记者被杀,其中2016年14人死亡,2017年18人死亡。冲突地区的经历和直面人类的人道危机,除了给新闻记者带来了身体上的伤害外,也是对其心理承受能力提出挑战。事实上,对人道危机进行报道所产生的心理影响使许多新闻工作者承受了严重的创伤性压力,这种压力可能会持续一生。研究表明,28.6%的战地记者患有终生创伤后应激障碍(PTSD)(Feinstein et al.,2002,2014)。哥伦比亚大学新闻学院成立了达特新闻与创伤中心,研究和帮助患有创伤后应激障碍的记者,并帮助记者在战区进行报道做好准备。

如今，由于人工智能算法、远程呈现技术和远程传感器的最新进展，记者无须亲临战场，就能从冲突地区进行数据收集，只有在极少数情况下才会出现远程呈现技术不可用的情况。这些新技术的使用不但能拯救战地记者的生命，还有望极大地改变战地报道的形式，但这些远程呈现技术能否满足我们的社会和政治对战场视觉和口头报道的需求呢？

1. 冲突地区的远程呈现机器人

如今，远程呈现机器人已可以帮助记者报道战区情况或恐怖事件：相比于人类记者，这些机器人可以提供人类记者在现场可能无法实现的作用，并更安全、更迅速地长途奔走于危险之地。事实上，远程呈现机器人市场近年来增长迅速：2016 年远程呈现机器人的销售额达到 14 亿美元，预计到 2023 年将达到 80 亿美元（Tiwari，2017）。

"阿富汗探险者"（Afghan Explorer）由麻省理工学院媒体实验室主任克里斯·契克森米哈（Chris Csikszentmihalyi）于 2002 年开发，"在不允许人类记者进入的敌对环境中提供图像、声音和采访"，是最早在战区使用的远程呈现机器人记者之一（Wakefield，2002）。"阿富汗探险者"可通过笔记本电脑或手机进行操作，采用四轮驱动，配置太阳能和 GPS 导航。它甚至可以对人们进行现场采访。就像契克森米哈评论的那样，他的机器人记者是可以牺牲的，"他们可以囚禁它，射杀它，我不在乎。它只是一个机器人，它的感情不会受到伤害"（Wakefield，2002）。然而，契克森米哈的动机也来自于他对人类记者关于正在发生的事情的描述以及对战场信息的控制的不信任。众所周知，各方的军事将领和战略家更喜欢控制战斗信息，以便更好地操纵故事，以迎合目标受众，从而捍卫自己的战争战略（Lemelshtrich Latar，2017）。英国广播公司一则关于在战区使用"阿富汗探险者"的报道曾预测，美国军方可能会对引入"阿富汗探险者"表示强烈反对，而美国军方的反应将"比当地民众的敌意更甚"（Wakefield，2002）。

继"阿富汗探险者"后出现了可以由记者远程操作的远程呈现机器人。Beam 系统是由美国加州帕洛阿尔托的适特宝科技公司（Suitable Technologies）开发的。它是一种可以让一名人类记者远程出现在一场活动中的机器人。Beam 系统可以由用户远程控制，用户可以以类似于视频会议的方式进行采访，但与其他机器人相比，它可以四处移动，因此具有更高的互动性，还能移动并扫描更大的区域，以发现有新闻价值的事件。区域内其他远程用户也可以在 Beam 系统中进行交互。

美国的双机器人公司（Double Robotics）也设计了一种远程呈现机器人，该公司开发了一种可远程控制的移动电话会议系统，用户可以"随时随地进行对话"。此外，美国万能机器人公司（Anybots）设计的机器人可代表来自不同地点的记者。

2. 无人机新闻

远程呈现数据收集器的另一种形式在战区也变得非常流行，那就是无人机。无人机是由人类管理员远程操控的无人驾驶飞机，如果任务涉及为媒体收集数据，则由记者操作。早在 2005 年前后，内布拉斯加大学林肯分校（University of Nebraska-Lincoln）新闻与大众传媒学院教授马特·韦特（Matt Waite）遇到一家正研制在飞行器下方安装相机的航拍公司，他立刻意识到了无人机的潜力和新闻价值。在学习成为一名有执照的航拍飞行员时，他意识到记者使用无人机的最大障碍主要是监管问题。为了帮助其他人掌握使用无人机从事新闻工作的复杂过程，韦特与波因特学院负责广播和网络的高级教员阿尔·汤普金斯（Al Tompkins）合作，举办了第一届无人机训练营，也就是无人机新闻学院的前身。他认为"记者有独特的培训需求，与其他想在工作中使用无人机的人不同。记者需要针对无人机引发的隐私问题进行专门的培训。"（Simon，2017）

无人机记者专业协会（Professional Society of Drone Journalists，PSDJ）成立于 2011 年，该协会意识到无人机对新闻记者的贡献日益增加，需要确定其在道德、教育和技术框架以及"调查、灾难、天气、体育和环境新闻"等方面的行为准则。

无人机记者专业协会制定了一套道德准则，主要适用于通过航空摄影采集的数据。该套准则解决的主要问题是，无人机所构成的风险，包括对于民事和军事航空，特别是考虑到许多国家对于无人机与民用飞机发生近距离碰撞的报告，可能会让希望控制信息的政府颁布禁止或限制飞行的无人机飞行禁令。许多国家的政府机构已经展开关于无人机管制的讨论，其中包括美国联邦航空管理局和英国上议院（Lemelshtrich Latar，2017）。

无人机已经逐渐登上美国新闻业的舞台。美国联邦航空局的官方数据（Azevedo，2017）显示，其已授予 3000 多个商业用户使用无人机的权利，条件是他们的操作者拥有航拍飞行员执照。CNN是最早采用无人机进行新闻报道的机构之一。考克斯传媒集团(Cox Media Group)旗下的电视台,包括亚特兰大WSB、波士顿WFXT和奥兰多WFTV,都将无人机纳入信息采集的方法之一,主要用于新闻报道、天气状况和专题报道(Azevedo,2017)。

马林(Mullin,2016)认为无人机在新闻行业中最常见的用途是报道大型空间场景新闻,尤其是自然或人为灾害发生时,伤亡和损失的范围过大,不能充分被街道摄影师捕捉到。相比之下,航空影像可以用来绘制灾区的三维地图,并结合数据来解释社区在风暴或战争后的差异形成原因。

关于无人机的一个有趣问题是,记者在战区使用无人机收集信息是否会模糊娱乐和新闻报道之间的界限,使新闻变得"游戏化",从而让使用无人机收集信息的记者也变得更加"游戏化"(Gibb,2013)。以士兵在远离战场的情况下决定攻击或杀死目标一样的心态操作无人机(Culver,2012),记者使用的自动化技术和机器人可能使他们与所面临的现实情况以及周围的关键背景线索产生距离。

3. 机器蛇

机器蛇拥有不显眼的外形,且在细小、狭窄的空间中具有较高的机动性,因此有望在战场数据采集中发挥更大的作用。包括美国国防部高级研究计划局在内的国防机构和许多商业公司都在资助机器蛇或蛇形机器人的研究,以便从地面、水下和太空等危险地点收集数据和情报。例如,由萨克斯机器人(Sarcos Robotics)公司开发的"卫士S"(Guardian S),其目的是"去没有人类能够或愿意去的地方",包括侦察任务中的战区和有毒的空间(Brown,2017)。

萨克斯机器人公司的董事长兼首席执行官本·沃尔夫(Ben Wolff)表示:"无论何时,卫士S都是在人们需要获取的数据来自对人类有害或难以取得的地点的数据收集候选者之一。"(Brown,2017)卫士S长约4英尺,重约10磅,配备有摄像头、麦克风和红外传感器,可以将视频和数据无线传输到基地。萨克斯机器人公司的工程师计划在不久的将来,为这款机器蛇配备一种人工智能机器学习算法,使其在遇到意外情况时能够作出类似人类的决策。

另一种机器蛇由挪威科技大学和其他合作者共同开发,名为Eelume。它可以在水下甚至海床下运行,能够(像一条真正的海蛇一样)游泳或使用推进器前进

(Dvorsky，2016)。Eelume 是为了执行海底维护任务而开发的，也可以配备监视和数据采集传感器。其实，机器蛇并不局限于地面或水下：挪威的研究人员正在开发机器蛇在欧洲航天局的国际空间站上进行检查和维护工作的可能性，未来机器蛇可能会被常规性地使用在月球和彗星上(Lamb，2017)。

4. 人工眼睛：协助机器人新闻的物联网

全球领先的 IT 和网络公司思科表示，2020 年与互联网的连接的物品数量预计将达到 500 亿件，相当于每人拥有 6.58 台联网设备。这个生态系统通常被称为物联网(IoT)，由传感器和相互通信的微型计算机控制的设备组成。与使用远程呈现机器人覆盖战区不同，物联网仅限于新闻采集（主要是视觉数据），它对新闻的两个不同方面具有影响：新闻采集与消费。

目前在冲突地区使用的传感器设备有两种：一种是远距离操作的"人工眼睛"；另一种是嵌入记者或其他人衣物中的可穿戴传感器。最先进的传感器是"硅视网膜"，也被称为人工眼睛。"伦敦的研究人员正在进行一项研究，旨在探索如何让人造眼睛——硅视网膜——像人类的眼睛一样有效地发挥作用。这将有助于开发不需要人为干预的监测危险环境的系统"(Lamb，2017)。金斯顿大学教授玛利亚·马蒂尼(Maria Martini)正在开发的一个物联网项目，旨在探索人工视觉系统如何能像人眼一样高效运作(Lamb，2017)。马蒂尼表示："从机器人和无人机到下一代视网膜植入物，为监控和其他用途开辟了新的可能性。它们可以在小型设备上实现，到达人们不能去，也不可能给设备充电的地方。传感器可以从飞机上扔到森林里，在没有人类干预的情况下待上几年的时间。它们可以用于从危险的地方，例如在战区，甚至其他行星，以获取关于交通、天气、人口密度或功耗的数据"(Marconi，2016)。

物联网的"创客"性质也会对黑客和记者的未来角色产生影响，他们既是故事和数据的来源，又是通过改进开源要素来影响智能技术传播的技术创新者(Augur，2016)。可穿戴传感器可以让个人成为新闻叙事的一部分，并方便地与他人分享自身经验。

5. 人类记者能提供来自冲突地区的准确报道吗？

除了报道战区的记者所面临的身体和心理风险之外，新闻本身的质量也可能受到威胁（McMahon，2010）。学术研究表明，人类记者的战争报道会受到众多因素的影响，即使他们是在作战部队或者作为自由记者工作，影响因素包括他们在现场经历的恶劣条件，他们观察到的人类伦理危机，以及害怕报道那些可能会让他们的"主人"处于不利地位的信息的情绪。这些情况导致许多记者在报道战区新闻时，在职业道德上有所妥协，进一步导致了数据准确性下降（Gibb，2013）以及出现有偏见的报道。例如，一项针对159名随军记者和在伊拉克后方自由行动的记者的调查发现，这些记者对战争的报道方式大不相同：随军记者的报道更积极，而自由记者的报道则更消极（Fahmy and Johnson，2007）。

哥伦比亚新闻学院达特中心的罗杰·辛普森（Roger Simpson）和威廉·科特（William Cote）为报道暴力行为的记者撰写了一份道德准则。在他们的书《报导暴力》（*Covering Violence*，2006）中，讨论了采访儿童和强奸案件的道德伦理问题，并为记者提供如何最好地进行采访并合法地获取信息的指导，其中特别关注了创伤性事件的采访方式。

6. 结论

如今，巨大破坏和人类伦理危机的故事可以被诸如无人机、嵌入式传感器等远程监控机器人，或其他远程记录技术所收集，这对于人们不再是难以想象的事情。新闻所描述的机器人将在新闻实践中承担越来越重要的作用，甚至可能改变新闻实践的本质。报道战区的人类记者可以通过机器人记者和新的远程呈现技术作为助手和合作者获得许多收获。例如，人类记者和机器人记者可以在报道战争、冲突和恐怖事件的不同阶段（数据收集、数据分析和叙事写作）进行合作，以发挥各自不同的优势（Lemelshtrich Latar，2017）。

在数据收集阶段，机器人可以帮助记者克服战区实时报道对心理、身体和人类意识形态所产生的影响，还能防止对"主人"的不利报道和对记者生命产生的威胁。人工智能远程监控记录工具不断改进，加入更多的能力功能、增加移动效率，我们可以预期，除非是在远程呈现技术无法穿透的罕见情况下，人类将不再频繁地置身于危险之地以获取信息。

在数据分析阶段，机器人具有快速分析数据的优势，可以通过筛选大量可用的数据来寻找相关的可视化数据，用于战区的报道之中。数据竖井中储存了地方政府机构、国际组织、学术研究人员、媒体档案、移动应用程序、社交网络以及最近嵌入在我们周围的传感器所采集的数据，这些数据就是实时战争媒体报道的宝库（Lemelshtrich Latar，2017）。尽管如此，人类记者在这个阶段将继续扮演重要的角色，为人工智能工具编写正确的问题：巧妙的问题可以带来巧妙的见解和故事，而且深入整合文化的历史演进，种族、宗教和经济因素冲突等信息的新闻报导，可能有助于决策者参与到矛盾的消除中。

在叙事写作阶段，机器人记者在快速生成文本格式的初稿方面具有明显优势，但人工智能叙事算法实际上不可能理解不断变化的可用工具和人类新闻消费习惯。人类的创造力对于利用本书中所描述的新型技术和应用程序，设计出新的叙事形式，以适应新的新闻时代是极具必要性的。

显然，新闻报道的不同阶段，记者与机器人的最佳组合可以极大地提高对冲突地区的新闻报道的速度与质量。机械工具将被用于收集视觉和语言数据，以此避免恐惧或心理偏见，而人工智能工具则应用于庞大的视觉和语言数据库，帮助人类记者获得关于他们所报道的冲突的新见解，这可能推动实现战争新闻的终极目标——减少人类的痛苦，传播和平的愿景。

参考文献

Augur，H. (2016). Empowering journalists with the Internet of Things，Dataconomy. Retrieved from http://dataconomy.com/2016/05/empowering-journalists-internet-things/.

Azevedo，M. (2017). Drones give journalists a new way to report news. *Cisco The Network*. Retrieved from https://newsroom.cisco.com/feature-content?type=webcontent&articleId=1851973.

Brown，M. (2017). These robotic snakes might soon prevent IEDs from killing soldiers. *Inverse Republicant*. Retrieved from https://www.inverse.com/article/27938-snakerobots-missions-ge-sarcos.

Culver, K. B. (2012). Ethics aloft: The pros and cons of journalists using drones. *Public Broadcasting Service Media Shift*. Retrieved from http://www.pbs.org/mediashift/2012/12/ethics-aloft-the-pros-and-cons-of-journalistsusing-drones340.html Cunningham, Pam. (2012, November 19).

Dvorsky, G. (2016). Robotic snakes are the stuff of undersea nightmare. *Gizmodo*. Retrieved from https://www.gizmodo.com.au/2016/04/robotic-snakes-are-the-stuff-of-underseanight-mares/.

Fahmy, S. and Johnson, T. J. (2007). Embedded versus unilateral perspectives on Iraq War. *Newspaper Research Journal*, 28(3), 98-114. Retrieved from http://www.researchgate.net/publication/258421892_Embedded_versus_unilateral_perspectives_on_Iraq_War.

Feinstein, A., Audet, B., and Waknine, N. (2014). Witnessing images of extreme violence: A psychological study of journalists in the newsroom. *Journal of the Royal Society of Medicine Open*, 5, 1-7. doi: 10.1177/2054270414533323.

Feinstein, A., Owen, J., and Blair, N. (2002). A hazardous profession: War, journalists, and psychopathology. *American Journal of Psychiatry*, 159(9), 1570-1575. Retrieved from http://ajp.psychiatryonline.org/doi/pdf/10.1176/appi.ajp.159.9.1570.

Gibb, A. S. (2013). *Droning the story* (unpublished master's thesis). The Faculty of Graduate Studies, University of British Columbia.

Lamb, H. (2017). Artificial eyes could be left for years to monitor war zones and outer space. *E&T*. Retrieved from https://eandt.theiet.org/content/articles/2017/04/artificial-eyescould-be-left-for-years-to-monitor-war-zones-and-outer-space.

Lemelshtrich Latar, N. (2017). Can robot journalists replace human journalists in the coverage of wars? In I. Saleh and T. Knieper (Eds.), *The Visual Politics of Wars* (pp. 171-196). Newcastle upon Tyne, UK: Cambridge Scholars Publishing.

Marconi, F. (2016). Making the Internet of Things working for journalism. *AP Insights*. Retrieved from https://insights.ap.org/industry-trends/making-the-internet-of-thingswork-for-journalism.

McMahon, C. (2010). Building resilience in the war zone against hidden injury. *Pacific Journalism Review*, 16(1), 39-48. Retrieved from http://www.pjreview.info/sites/default/files/articles/pdfs/pjr16(1)_trauma-mcmahon_pp39-48.pdf.

Mullin, B. (2016). Why 2016 could be a breakout year for drone journalism. *Poynter*. Retrieved from https://www.poynter.org/2016/why-2016-could-be-a-breakout-year-for-dronejournalism.

Simon, M. (2017). Watch airswirl around a quadcopter drone's rotors. *Wired*. Retrieved from https://www.wired.com/2017/01/stunning-animation-reveals-air-swirling-arounddrone/.

Simpson, R. and Coté, W. (2006). *Covering Violence: A Guide to Ethical Reporting About Victims and Trauma*. New York: Columbia University Press. Retrieved from http://dartcenter.org/content/covering-violence-guide-to-ethical-reporting-about-victims-trauma#.VefgphGqpBc.

Tiwari, R. (2017). Telepresence robots market worth $8 billion by 2023 says a new research at ReportsnReports. *PRNewswire*. Retrieved from http://www.prnewswire.co.in/newsreleases/telepresence-robots-market-worth-8-billion-by-2023-says-a-new-research-atreportsnreports-629893553.html.

Wakefield, J. (2002). Robo reporter goes to war. *BBC News Online*. Retrieved from http://news.bbc.co.uk/2/hi/science/nature/1898525.stm.

第9章 进化、革命、还是游戏规则改变者？
人工智能和体育新闻

亚伊尔·加利利

随着新机器和新技术的不断引进和应用,人们也不断对于传统新闻行业的内容、生产方式、消费方式受到的潜在影响提出质疑。最近一项关于数字期刊、软件自动生成内容领域的研究,分析探讨了这项技术将如何应用于新闻编辑部门,并会对新闻编辑部门和新闻工作产生怎样的影响,以及记者如何看待这项技术的进展及其对记者这个职业的影响。本章的目的是考察新技术对体育新闻领域的影响。在体育新闻的内容产生方式和消费方式的具体背景下,本章回答的问题是:究竟最近引入的自动内容生成技术仅仅是体育新闻领域的另一个进化阶段,还是引发了可以被定义为新闻生产和消费的"游戏规则改变者"的革命。

1. 为什么是体育新闻业？

众所周知,体育运动已经被媒体报道了近 200 年(Tamir and Galily,2011)。随着时间的推移,传统纸媒中的体育新闻已经逐渐从报纸的最后一页(紧随政治新闻后的内容)变成最引人注目的板块之一。尽管受到了相当多的批评——正如人们常说的"新闻媒体的玩具部门"所概括的那样——体育报道仍然对媒体机构很重要,因为它们受到了广告商和观众的关注(Whannel et al.,2010)。鉴于体育的广泛重要性以及传播体育的文化重要性,博伊尔(Boyle,2013)认为:

> 在许多方面,体育之所以重要,是因为它告诉我们的是社会的各个方面,而不是体育竞赛的本质。在最基本的层面,体育提供了对性格、人性(最好和最坏的)和人类创造力的洞察。它揭示了个体和集体身份的各个方面,以其形式的多样性(游戏何时成为一项运动?)使我们能够通过体育来表达自己的想法与情感。体育运动之所以如此引人注目,往往是因为它能与情感联系在一起,而非我们内心的理性因素。体育运动可以把平凡的事物提升到超越其各个部分的总和的高度。个人和集体的沟通能力是这种文化形式保持长久魅力的核心部分。

此外,许多人认为体育新闻在媒体的商业化和全球化中发挥着关键作用。多年来,报纸上的体育报道在数量和篇幅上都有了显著的增长,阅读量超过了报纸其他种类的报道部分。事实上,尽管本章在讨论技术发展的影响,但对许多人来说体育增刊仍然是购买报纸的主要原因。

因此,体育媒体领域的研究主要集中在媒体与体育的互动关系上。由于重点强调了媒体报道内容,而在某种程度上忽略了信息传递轴的两个极点:信息生产者和信息阅读者。

2. 自动化内容的时代

自动生成内容的技术已经存在了 40 余年,随着软件能从结构化数据中自动生成自然语言文本,传统的新闻制作面临着极大的变革:自动文本摘要自 20 世纪 60

年代以来一直用于天气预报,从 20 世纪 90 年代开始用于体育、医疗、财务方面(Dörr,2016)。近年来,软件生成的新闻逐渐成为新闻生态系统中不可或缺的一小部分,并在逐渐打破新闻学、计算机科学和统计学的边界(Linden,2017)。"机器人新闻"是一个流行但平庸的概念,通常被描述为机器人在电脑键盘上打字。相对合适且统一的概念来描述应该称其为"计算新闻",代指"生成新闻的算法形式、社会科学和数字处理方式结合的系统"(Young and Hermida,2015)或是更加规范的定义,"综合社会科学的算法、数据和知识来补充新闻的问责制功能"(Hamilton and Turner,2009)。因此,我们能像科丁顿(Coddington,2015)一样断言,计算新闻学关注的是信息抽象化和自动化过程在信息中的应用。

3. 体育和自动化内容

体育新闻是一种矛盾的体现。一方面,多年以来,它经常被视为新闻行业中的"无名小卒",据说是因为报道缺乏新闻记者专业性中正直客观的部分。体育新闻被认为是一种"软"新闻实践形式,缺乏其他"硬"新闻形式的精确性和可信性。传统上,体育新闻一直被视为体育及其文化无关紧要的助推器,而不是挑战和要求体育界有权势的组织和个人承担责任的领域。体育新闻提出的问题简单而平庸,而非尖锐且中肯(Boyle,2017)。对于哈钦斯和博伊尔(Hutchins and Boyle,2017)而言,因为各种组织都在寻找可持续的结构和商业模式,导致了整个新闻行业的广泛变革,使得体育新闻实践和规范的变化具有临时性。在深受工业资本主义和大众传媒影响的 20 世纪,新闻媒体通常会行使其长期掌权所积累的客观权威,而这种权威性正是建立在新闻生产的系统化管理和新闻记者的专业化知识的基础上,以此来保证新闻报道的可靠性和即时性。由于技术决定论需要与组织结构和职业实践相结合,才能形成采用新技术的方式,因此人们认为,人类行为塑造了技术(Linden,2017)。

据美联社报道,机器人新闻将为新闻编辑部门创造新的工作岗位——可能会招收拥有不同和更多样化技能的人。机器人新闻严重依赖于数据,可以被视为数据新闻发展的一部分,这种类型的新闻为新闻业带来了可喜的多样性。其他潜在的好处包括解放记者,让他们可以更多地从事调查和分析工作,人力投入在这些岗位中是至关重要的。然而,与此同时,有人认为机器人新闻可能并不适用于所有领域,这就是为什么目前大多数努力都集中在相对公式化的如商业/收益报告和体育新闻等领域,记者可以制作模板让电脑来负责填补这些领域中的空白。体育新闻,尤其是棒球运动,由于在体育报道中会使用到大量的统计数据,以及先进的预测模型,可以使用固定风格的模板,被认为是计算机化和自动化新闻的理想领域(van Dalen,2012)。此外,机器人制作文本所需的培训既昂贵又费时,但是因为体育新闻报道的数量相对较多,引入机器人新闻变得可行。

自从全球最大、最知名的新闻机构之一的美联社开始自动编制其企业季度盈利报告,引入从结构化数据中自动生成内容的算法撼动了新闻业。算法不仅可以为一个特定的主题创造成千上万的新闻故事,而且它们的速度更快,成本更低,出错频率可能比任何人类记者都低。美国领先的自然语言生成技术公司——自动洞察公司和叙述科学公司——就诞生于自动生成游戏摘要的尝试过程中。

2016年,美联社宣布与自动洞察公司合作,为小联盟棒球比赛提供自动比赛回顾,此事吸引了广泛的媒体报道。美联社的体育部花了一年的时间进行软件测试,以确保球迷认可其制作的小联盟报告(McCormick,2016)。2006年,美联社由人类记者完成对小联盟比赛的报道,但是无法覆盖全部球队的比赛,而在使用自动洞察公司的软件和美国职棒大联盟媒体公司(MLBAM)的数据后,现在美联社已经可以在不调用专业记者的情况下报道比赛。

4. 体育的角度

自动化内容创造者的两个重要优势是速度和准确性(Radcliff,2016)。"……算法不仅可以为一个特定的主题创造成千上万的新闻故事,而且它们的速度更快,成本更低,出错率可能比任何人类记者都低"(Graefe,2016)。拉德克利夫说过,只要有人帮助训练,科技就不会犯两次同样的错误,2016年挪威通讯社就成功地实现了对足球比赛的全自动报道。另一个相关的问题就是报道的道德标准和真实程度。克莱瓦尔(Clerwall,2014)发表的一篇有关用户对自动生成新闻看法的论文中,通过让实验对象阅读新闻机器人编写的新闻稿,回答对于文章质量、客观性和可信度等问题,结论是读者认为机器人新闻具有描述性、尽管在一定程度上有枯燥的问题、客观性等特点,并且读者并不一定能将其与记者写的内容分辨出来。假设新闻机构坚持其道德准则,就必须诚实的对待读者。

5. 职业记者的地位

记者与机器人新闻有着明显的利害关系，但其他相关的社会团体对于自动化新闻同样兴趣盎然，其中包括出版商、新闻经理、开发人员、媒体高管、广告商、一般受众或特定群体、数据生产商，以及斡旋于数据生产者和用户之间的信息中介。如数据保护机构或金融机构等政府机构和监管机构，就十分关注自动生成内容对社会的影响（Linden，2017）。然而，我们与维纳的观点相一致（Winner，1993）认为技术创新是一个"多中心的、复杂的过程"，它创造了"一系列可能性的技术选择和替代方案"。因此，就像媒体领域的许多其他职业一样，体育记者将被迫适应新的环境，但他们绝对不会消失。

透明度、创造力和包容性概括了新闻业的未来。正如怀德（Wyde，2015）所言，当代合作意识、文化意识和宽容意识在新闻界是无价的。此外，技术上的进步在现在和未来都会带给这个行业空前高涨的创造力，记者们正在寻找更多样化、更吸引人的方式来讲述他们的故事。记者可以利用科技以更快的速度写出更高质量的文章。现在的情况是，故事不再由纯文本再加上一个或两个图像的形式表现出来。记者可以利用各种各样的媒体来创造一个更为生动的故事，这将比一页拥挤的文字更快、更容易地吸引读者。尽管报道本身仍将是新闻业的中流砥柱，但创新的空间将大大增加。在人们等待火车的时候，如果我们能在地铁上的广告中模仿《哈利·波特》中《预言家日报》的动态图片，那么一定能让新闻报道更加生动。

另一个对人类记者职业前途充满信心的原因是假新闻现象的出现。据尼克·纽曼（Nic Newman）介绍（纽曼是《2017数字新闻》的作者），未来新闻业的基本情况如下：

> 由于假新闻的存在，公众已经意识到新闻期刊不是免费的。有高质量的新闻，也有虚假的新闻，高质量的新闻实际上是相当稀缺的。因此，人们可能需要为此付费。我认为新闻业的环境正在不断被污染，将会为有高质量新闻的品牌或是能够直接通过创造性的方式将广告投放市场进行创收的品牌带来机会。我认为这是我从整个"假新闻"灾难中获得的希望之光（Newman，2016）。

谷歌和脸书等平台是媒体生态系统中新增的例子，其数据选择过程很少为公众所知。由于这些平台对算法管理的依赖，使得这种程序具有一定的不透明性，公众更难成功地识别其中的偏见，而许多有经验的记者经过训练就能发现这种偏见。人们对于数据的矛盾心理和偏见识别的局限性的担忧，演变成知识权威领域更深层次的危机，及对于媒体机构的信任危机。

西北大学媒体、技术和社会项目的主管巴勃罗·博奇科夫斯基（Pablo Boczkowski）教授和他的同事，在新闻消费领域一个研究项目中发现，同样的新闻，如果由人们在社交媒体平台上的联系人分享，可信度会比直接从原始新闻网站上阅读更高。当被问及这种差异时，受访者表示这是因为报道的偏见和信息不准确降低了媒体的公信力，导致他们通常不信任媒体，但是受访者对于社交媒体平台上的联系人的立场是信任的（Fletcher et al., 2015）。

科技为记者创造了新的就业形式。互联网和数字媒体为创业型新闻这种新型的工作岗位创造了条件。不同于"自由职业"新闻，即记者以合同而不是雇佣的方式将他们的劳动出售给多个新闻机构。创业型记者会在自己建立的中小型企业中制作报道，通过网站和博客建立分销机制，并在其他公司上传他们的报道（Rottwilm，2014）。根据罗特维尔姆的观点，当今新闻业面临的最严峻挑战来自于产业领域的趋同、多项技能和整合数字网络技术的需求，以及新的生产与消费关系，包括由于新闻工作扩展到咨询和企业内部合作所带来的专业定位的模糊感。这些变化的特征，对新闻业所产生的后续影响仍然存在不确定性，一部分原因是由于在行业不断变化的情况下，对于新闻工作和新闻劳动本质的实证研究仍然有限；另一部分原因是新闻和媒体领域的学术研究，通常与经济、社会和管理领域等更宽泛的学术研究没有直接关联。

6. 人类在体育新闻上的优势

现在，各类平台仍对不同形式的体育新闻有大量需求，体育新闻逐渐成为了一种报道的补充信息。许多体育爱好者不再满足于单一的信息来源：他们希望获得博客、推特的追踪报道，也想要更长的纪录片和精心制作的故事。

矛盾的是，自动化技术的快速发展凸显了人类记者讲述体育界故事的优势。机器人难以模仿初创公司的记者/评论员利用新技术构建出的新型视觉叙事形式，因为至今人工智能仍然无法结合视觉技术构建有趣的交互式故事。在过去的十年里，许多高科技公司（如 Scidel、PVI、SportVision、Replay-technologies 和 Orad）已经成功地开发出了通过结合多种视觉技术来增强使用者观看体验的工具。这类产品最初在 2000 年的悉尼奥运会上投入使用，可以实时将三维图形元素叠加在运动场上。系统通过对屏幕上的图像进行分析，提取出摄像机的平移、倾斜、变焦、对焦等功能，实时分析相机的每一个运动，并应用所插入的三维图形之中。最终的获得效果是，无论相机如何移动，虚拟元素都会像一个真实存在的物体一样，融入真实的环境中。例如，在曲棍球比赛中，当观众很难追踪到快速移动的冰球时，FoxTrax 系统用于在屏幕上凸显出冰球的位置，并在冰球快速移动时显示出其运行轨迹。随着越来越多的相机投入使用，超慢速镜头和不同角度的瞬间回放已经成为体育比赛的标配。与统计数据收集系统相连接的实时图形不但能帮助解说员更好地分析可视化比赛，还能帮助感到困惑的观众理解正常比赛。因此，实时体育图像已经远远超出了简单地显示分数和比赛时间的范畴：花名册、固定装置、表格、记分卡和许多其他相关数据已被收录于统计收集系统和数据库中用于集成，使得实时比赛追踪中收集的覆盖距离、"热图"等人们关注的数据，显示在可视化比赛中。

Orad 的虚拟图像叠加赛场改变了家庭观众观看体育比赛的方式。Orad 的虚拟首攻线已经成为许多美式足球节目不可或缺的一部分，足球广播也涵盖了包括虚拟越位线、速度和距离测量等数据。现场的解说叠加游泳和田径比赛中的世界纪录动态线，增强和丰富了观众的观看体验。

FreeD™ 也是一种最新的技术，它将现实捕捉为真实的三维图像，由三维"像素"组成，能够完整地呈现场景中的细节。这些信息被存储在一个数据库中，当人们进入该数据库，就从所收集的详细信息中选择任何所需的视角。Replay-technologies 的 FreeD 将叙事方式从物理相机和镜头的位置限制中解放出来，赋予了观众拥有无限可能的观看自由。这样的系统同时也允许制片人和导演在某个特殊的时间点创造"不可能"的镜头视图。

7. 结论

这一章是机器人自动生成的吗？不是，但也有可能……

尽管分析起来很困难,但新闻业已经成为社会学研究对象中的焦点,并且在构成理想新闻的维度上达成了坚实的共识(Singer,2004)。本章中,我们探讨了最近引入的自动内容生成技术仅仅是体育新闻领域的一个进化阶段,还是引发了可以被定义为新闻生产和消费的"游戏规则改变者"的革命。

数据可用性的提高、新闻对移动设备需求的增多以及算法的进步正在使自动化新闻日益普及(Thurman et al.,2017)。因此,担心自动化会成为媒体行业裁员和解雇期刊作者的借口,是一个现实又合理的忧虑。然而,目前新闻工作岗位消失的原因主要还是在于消费者行为和媒体商业模式的改变,而不是自动化的快速发展(Linden,2017)。引用美联社执行编辑洛乌·费拉拉(Lou Ferrara,2016)的话:

> 在盈利的季节,我们将更积极地利用我们的大脑和时间。我们不需要花费大量时间制作年报,也不应该推敲每个收益的情况,而是应该将这个过程自动化……这样,我们的记者可以将时间专注于报道,撰写有关这些数字意味着什么,以及在发布当天财报电话会议上的内容体现了怎样的趋势,最后写出可以在财报公布时发布的独家报道……这是用技术解放记者,然后他们去做更多的新闻工作而不是处理数据的工作,其目的不是消除记者的工作岗位(引用 Colford,2014)。

美联社就是一个很好的例子。它将自己描述为"独立新闻收集的最大、最受信任的来源之一,向其成员、国际订户和商业客户提供稳定的新闻流。"其成员包括约1400家美国日报、数千家电视和广播公司,它们共获得了51项普利策奖。除了内容,美联社还以其风格著称,其风格是新闻业和许多其他领域的权威写作标准。最初,美联社通过自动洞察公司开发的 Wordsmith 平台发现了自动化的机会,该平台使用自然语言生成将数据转换成书面的、纯语言的叙述。Wordsmith 能将扎克斯投资研究公司或美国职业棒球大联盟的数据在不到1秒钟的时间内转换为可发表的美联社报道。Wordsmith 团队甚至专门配置了以美联社的风格编写的自然语言生成引擎。

因此,美联社现在发布的收益报告比人工制作报告的时期数量增长了12倍,达到了每个季度发布3700份收益报告。这些报道保持了读者对美联社一直以来对人工撰写的文章所期望的质量和准确性。除了报告的解释性注释,甚至没有证据表明它们是由算法编写的(Automated Insights,2017)。

世界在不断经历变化,而机器人和自动化内容生成器等各种类型的程序也在不断进步。如史密斯和安德森(Smith and Anderson,2014)所述:

> 机器人和人工智能似乎正在给记者行业带来激烈的竞争,但这只是经济变化的一种假象。记者失去工作是因为广告业的变化,教授受到MOOCs(大规模开放在线课程)的挑战,商店的销售人员也被网络销售人员抢走了工作。用户界面的改进、电子交付(视频、音乐等)和更多的自力更生的客户减少了工作需求。与此同时,一些人正在建立新的网站,创造管理公司社交媒体的计划,开发新产品等等。用户界面的改进,新颖的服务和新产品的想法都将创造更多的工作机会。

同样,美联社和棒球的案例,以及许多其他新闻机构在体育领域的事件,都说明了自动化记者技术正在改变这个行业的游戏规则。记者和其他人一样,相信随着信息的深度、广度、专一性和即时性的日益增加,人工与自动结合的新闻将会变得更加普遍。虽然一些新闻机构和消费者可能会从中受益,但这种变化也会产生新的伦理和社会问题,而且可能与直觉相反,自动化或许会增加对人类记者技能的需求,如新闻判断能力、好奇心和怀疑精神(Thurman et al.,2017)。最后,正如俄勒冈大学新闻学教授达米南·拉德克利夫(Daminan Redcliff)预测的那样:"机器人时代正在到来,但取决于算法,这场革命可能不会自动发起……"

参考文献

AutomatedInsights. (2017). Retrieved from https://automatedinsights.com/case-studies/associated-press.

Boyle, R. (2013). Reflections on communication and sport: On journalism and digital culture. *Communication & Sport*, 1(1-2), 88-99.

Boyle, R. (2017). Sports journalism: Changing journalism practice and digital media. *Digital Journalism*, 5, 493-495.

Clerwall, C. (2014). Enter the robot journalist: Users' perceptions of automated content. *Journalism Practice*, 8(5), 519-531.

Coddington, M. (2015). Clarifying journalism's quantitative turn: A typology for evaluating data journalism, computational journalism, and computer-assisted reporting. *Digital*

Journalism, 3(3), 331-348.

Colford, P. (2014). A leap forward in quarterly earnings stories. *Associated Press*. Retrieved from https://blog.ap.org/announcements/a-leap-forward-in-quarterly-earnings-stories.

Cottle, S. and Ashton, M. (1999). From BBC newsroom to BBC newscentre: On changing technology and journalist practices. *Convergence*, 5(3), 22-43.

Dörr, K. N. (2016). Mapping the field of algorithmic journalism. *Digital Journalism*, 4(6), 700-722.

Fletcher, R., Radcliffe, D., Levy, D. A., Nielsen, R. K., and Newman, N. (2015). *Reuters Institute Digital News Report 2015: Supplementary Report*. Oxford: Reuters Institute for the Study of Jerusalem, University of Oxford.

Franklin, B. (2008). The future of newspapers. *Journalism Practice*, 2(3), 306-317.

Glahn, H. R. (1970). Computer-produced worded forecasts. *Bulletin of the American Meteorological Society*, 51(12), 1126-1131.

Graefe, A. (2016). *Guide to Automated Journalism*. New York: Columbia University Academic Commons.

Hamilton, J. T. and Turner, F. (2009). Accountability through algorithm: Developing the field of computational journalism. A report from the Center for Advanced Study in the Behavioral Sciences, Summer Workshop, July 27-31.

Hutchins, B. and Boyle, R. (2017). A community of practice: Sport journalism, mobile media and institutional change. *Digital Journalism*, 5(5), 496-512.

Linden, C. G. (2017). Decades of automation in the newsroom: Why are there still so many jobs in journalism? *Digital Journalism*, 5(2), 123-140.

McCormick, R. (2016). AP's robot journalists are writing about Minor League Baseball now. *The Verge*. Retrieved from https://www.theverge.com/2016/7/4/12092768/ap-robotjournalists-automated-insights-minor-league-baseball.

Meehan, J. R. (1977). TALE-SPIN, an interactive program that writes stories. *InProceedings of the fifth International Joint Conference on Artificial Intelligence (INCAI'77)* (pp. 91-98). San Mateo, CA: Morgan Kaufmann. http://ijcai.org./search.php.

Newman, N. (2016). *The Future of Journalism is Not All Doom and Gloom*. Interview. Retrieved from: https://medium.com/global-editors-network/the-future-of-journalism-is-not-alldoom-and-gloom-heres-why-365ed8003899.

Pavlik, J. (2000). The impact of technology on journalism. *Journalism Studies*, 1(2), 229-237.

Radcliff, D. (2016). The upsides (and downsides) of automated robot journalism. Retrieved from http://mediashift.org/2016/07/upsides-downsides-automated-robot-journalism/.

Rottwilm, P. (2014). *The Future of Journalistic Work: Its Changing Nature and Implications*. London: Reuters Institute for the Study of Journalism.

Singer, D. G. (2004). *Television, Imagination, and Aggression: A Study of Preschoolers*. London: Routledge.

Smith, A. and Anderson, J. (2014). AI, robotics, and the future of jobs. *Pew Research Center*, 6. http://www.fusbp.com/wp-content/uploads/2010/07/AI-and-Robotics-Impact-on-Future-Pew-Survey.pdf.

Tamir, I. and Galily, Y. (2011). The human factor in the historical development of the media: Israeli sports pages as a case study 1. *The International Journal of the History of Sport*, 28(18), 2688-2706.

Thurman, N., Dörr, K., and Kunert, J. (2017). When reporters get hands-on with robo-writing: professionals consider automated journalism's capabilities and consequences. *Digital Journalism*. http://www.tandfonline.com/doi/abs/10.1080/21670811.2017.1289819.

van Dalen, A. (2012). The algorithms behind the headlines: How machine-written news redefines the core skills of human journalists. *Journalism Practice*, 6(5-6), 648-658.

Whannel, G., Boyle, R., and Rowe, D. (2010). Delight in trivial controversy? Questions for sport journalism. In S. Allan (Ed.), *Routledge Companion to News and Journalism* (pp. 245-255). London: Routledge.

Winner, L. (1993). Upon opening the black box and finding it empty: Social constructivism and the philosophy of technology. *Science, Technology, and Human Values* 18(3), 362-378.

Wyde, R. (2015). What is the future of journalism? *The Guardian*. Retrieved from https://www.theguardian.com/media/2015/apr/15/what-is-the-future-of-journalism.

Young, M. L. and Hermida, A. (2015). From Mr. and Mrs. outlier to central tendencies: Computational journalism and crime reporting at the Los Angeles Times. *Digital Journalism*, 3(3), 381-397.

第10章 人工智能时代

政府决策的控制论与新型报道

诺姆·莱梅尔史萃克·拉塔尔

1. 介绍

在即将到来的大数据和人工智能时代,报道政治和社会问题的记者必须对系统理论和分析有一个整体的理解,这样他们才能成为人工智能时代政府决策过程中的重要参与者。他们需要了解组织行为学,包括社会系统的不同部门如何相互作用和影响,以及决策的制定方法,还有其如何在系统的不同部门间交流。他们也有必要了解系统与其政治和社会环境的相互作用将对其实现既定目标的能力产生何种影响。

在大数据时代,组织机构及其相关环境产生了无穷的数据,如果对系统理论和新的社会动态没有基本的了解,人类记者将会在与机器人竞争中失败。如今,个人和政府组织都在使用编程和算法筛选数据,以了解和分析数字化的社会和组织动态,挖掘数据间的隐藏趋势,并由算法自动做出决策。本章中,我们主要讨论控制论提供的有效的系统分析框架,重点关注如何进行系统管理,以及信息如何在系统的各个部门和相关环境之间流动。控制论促进了对系统和组织的研究,能够预测它们实现既定目标的机会和在变化的环境中生存的机会。人类记者必须了解这些组织的决策对世界有何影响,才能更好地保护民主和公民的福祉。机器人记者则不能被赋予这一重要使命。

2. 大数据与官僚主义

社会组织,尤其是政府组织,以官僚体制的形式运作,可被定义为"具有等级结构及一套详细规则和程序的大型公共与私有组织"(Solove,2004)。根据社会学创始人之一马克斯·韦伯(Max Weber)的观点,官僚制组织能够达到组织的最高效率,因为"它乃是对人类行使支配的已知方式中,最为理性者。"(Weber,1922/1978)。然而,韦伯也将官僚制组织描述为"非人化的",称其缺乏对无法量化的人类情感和需求的敏感性。今天,官僚制组织对实现最高效率的愿望依赖于数据竖井中信息的收集,以及适应每个官僚制组织的规则、规章和目标的数据分析工具的开发。人工智能算法通过将机器学习工具集成到政府决策过程中,以此提高官僚制组织的效率潜力,使系统能够从错误和经验中学习。控制论为那些希望了解官僚制组织及其缺陷的记者提供了一个有用的框架。

3. 控制论

控制论是一门研究自我调节的科学(Wiener,1949),它提供了一种独特的理论视角,用来评估一个特定的社会官僚制组织是否正以一种满足其对于变化环境的适应性和能够实现其社会目标的方式进行管理,还是正走向失败。反馈在控制论中扮演非常重要的角色,当其映射到社会系统中,给予了言论自由一个新的内涵和重要意义:当个人因为恐惧而无法自由表达自己的观点时,系统收集的关于内外部环境的反馈将是不准确的,进一步导致错误的现状报告,这将不利于决策的制定。

控制论赖于对系统所有部分按照预先确定的指标进行的定量测量,分析了社会系统不同部门之间信息流的动态,以及其决策的有效性。控制论关注的主要问题是:一个系统能否迅速地适应环境的变化?随着环境的变化,它能否自动找到新的平衡点?控制论模型的目的之一是预测社会系统未来的行为,测试其决策的质量,从而促进纠正政策的发展方向(Lemelshtrich Latar,1990)。"人工智能和控制论都基于二进制逻辑,它们产生的结果都依赖于相同的原则和意图,即使是针对不同的文化背景,逻辑部分也是通用的"(Krikke,2017)。

维纳的控制论模型背后有三个基本假设:①控制是自然界中最重要的过程;②一个组织的生存取决于其有效处理信息的能力;③生物、机械和社会系统以类似的方式处理信息。

根据现代决策理论,优秀且正确的决策取决于准确和及时的信息源。在社会、政治和经济决策中尤为如此,扭曲的现实会导致错误的决策:社会革命、经济危机、甚至战争都是由缺乏准确信息造成的。

根据控制论模型,当系统会在测量出当前状态与系统目标或期望状态的偏差后做出决策。这个决策的目的是减少并最终消除偏差,以达到所期望的状态。只有当系统定义了其目标,并且在决策时拥有相关系统状态的准确信息时,才有可能测量出偏离目标的程度。如今,获取真实、准确、量化的环境信息的过程及其反馈,面临着诸多包括政治审查、"假新闻"、政治恐惧以及缺乏新闻自由和言论自由在内的挑战。

4. 控制论的模型

控制论模型如图 10-1 所示。该模型的主要组成部分是:

传感器(Sensors):传感器收集来自系统环境的原始反馈。在一个社会系统中,传感器必须能够检测到所有可能影响系统行为的潜在因素。如今,这种传感器被嵌入到人们周围的所有"事物"中,从而创造了"物联网"(IoT)。

指数化(Indexing):指数化用于将传感器收集的大量原始数据转化为社会经济指标和指数(如生活水平指数、失业率、经济增长、人均收入等)。有效的反馈还

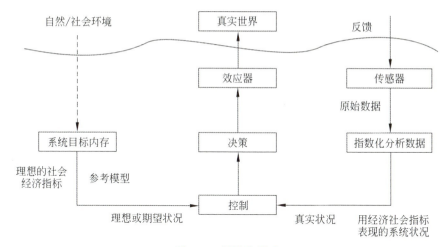

图 10-1 控制论模型

必须能够探测到交流和内容中更加复杂的方面,例如宗教情感、公民自尊、公民参与社会制度的动机、政治冷漠、刻板印象、社会化、文化融合、逃避主义和制度冷漠,等等。这些社会指标共同描述了系统在特定时间的状态。

控制(Control):一旦系统的当前状态被量化(或者转换为指数),这些信息就会被转移到控制元素中。在控制元素中,当前的状态与系统期望的状态进行比较:以相同单位表示其短期和长期目标。控制功能就能识别当前状态与期望状态的偏差,并将此信息传递给系统的决策者。控制论系统的运行需要有明确的目标。如果没有预先设定的目标,系统就无法测量期望状态与当前状态之间的差异,也无法为纠正决策提供准确的信息。

内存(Memory):系统内存包括所有的数据竖井,这些数据竖井储存着系统持续收集的反馈信息、系统既定的目标和过去所有的决策过程。在大数据时代,存储的信息量巨大,并且呈指数级增长。

决策(Decision making):决策功能的任务就是做出决策,以减少或消除对系统期望状态的偏差,使系统更接近于其目标。在一个有效的理性系统中,决策者可以通过研究过去的决策,从以往的错误中吸取教训。因此,一个真正的控制论系统会随着经验的增加而改进。决策机构(或政府)指示执行机构执行决策。

正负反馈回路(Positive and negative feedback loops):控制论学者定义了两种反馈回路:负反馈回路和正反馈回路。描述符"负"和"正"与价值无关,而是分别指有控制和没有控制的过程。当记者分析一个社会组织的行为时,识别反馈循环及其后果是理解该组织行为的重要一步。

负反馈回路描述一个具有目标导向行为的系统。控制论系统如果设计得当,就是一个负反馈系统,这意味着系统有内建的控制元素,可以发现与系统既定目标的偏差,并做出纠正决策来纠正这些偏差。相反,没有明确目标的社会系统具有正反馈循环的特征。这种体制的例子是军备竞赛、社会动荡和通货膨胀。在这些情况下,系统的行为类似于雪球效应。

均衡(Equilibrium):均衡被定义为控制论系统在当前状态和期望状态(系统的目标)之间没有偏差的情况。从控制论的观点来看,均衡是系统达到目标的状态,在均衡的时点,系统自动抵制所有的变化。在一个控制论系统中达到均衡可能会对社会变革产生抑制性,这是由于努力达到均衡的控制论系统的典型结构刚性,与社会组织适应内外变化所需要的弹性之间的内在冲突造成的。

5. 社会控制论和一般系统理论

社会科学家已经认识到在一般系统理论(GTS)科学领域中发展出的理论对于理解社会和政治进程的重要性,这是新闻实践的一个主要领域。根据GTS,系统既可以被控制(控制论),也可以不受控制。在受控系统中,探测器负责感知信息,选择器负责根据系统的决策规则筛选信息,效果器负责执行与其他系统间的信息交换(Kuhn,1974)。此外,该理论还认为,政治决策和社会政治行为的效率直接受到社会系统中所有要素的协同作用和相互作用,以及它们之间的信息流动质量的影响。

1980年,国际社会学协会(ISA)第51届研究委员会以及其他50个社会研究团体,建立了社会控制论的研究领域,以回应GTS的重要性。其研究领域横跨各大学科,结合了社会学、政治学、经济学、统计、数学和人类学。社会控制学可以定义为"社会学和其他社会科学中的系统科学"。它是一门不仅限于理论,还包括应用、经验研究、方法论、价值论(伦理学和价值研究)和认识论的科学。在一般情况下,系统理论和控制论是可以经常互换或结合使用的。

6. 社会发展理论

捷克科学家阿拉布·奥格利(Arab-Ogly)提出了一种基于控制论概念的社会发展理论(Arab-Ogly,1958;Ford,1966),它强调了控制论和社会动力学之间的协同作用。根据社会发展理论,所有社会系统的生存都取决于自动化和控制论的引入。这一重要理论的主要前提包括:

(1)社会追求组织化,朝着更高层次的组织管理水平发展。

(2)社会发展的每一个新阶段都会产生一种更为复杂的组织形式,其目的是增加有序性。社会组织不断增加其复杂性的内在动力与简化其管理程序的方法发展是相辅相成的。如今,数据竖井(或大数据)中信息的积累体现出复杂性增加的趋势,而简化的愿望表现在开发管理这些数据竖井的新算法中。

(3)随着健康组织的蓬勃发展,其不断增加的复杂性使组织创造出越来越复杂的基于人工智能的工具,以适应环境的变化,并确保其生存。

(4)社会活动旨在改变环境,使之满足人类的需要。随着环境的变化,社会系统的成员会在思想上适应这些变化。

(5)假设社会拥有有效的信息检索方法,那么社会可以用适应环境变化的各种方法是社会可获得信息量的直接函数。

(6)社会系统的复杂程度没有上限。因此,复杂性的增加必须始终伴随着处理这种复杂性的有效方法的开发,而这只有通过自动化才能实现。

7. 人工智能和控制论

正如控制论模型的描述,人工智能算法正被引入构成政治官僚机构和决策过程的所有要素。算法正被引入到刑事司法、医疗、福利和教育等领域的政府决策过程中。相关的公民档案也被引入决策算法中,并会对决策结果产生影响。例如,在刑事案件中,为了预测罪犯未来的行为,美国一些州引入了罪犯的档案。算法根据每个人过去的行为和人口特征(包括肤色)为每个人设置一个分数,这个分数会影响审判结果。ProPublica公司的记者对此进行了研究,他们得出的结论是"全国各地都在使用一种软件来预测未来的罪犯,这种软件对黑人存在偏见"(Angwin et al.,2016)。这是人类新闻业关注于研究人工智能对社会系统危害的一个最好的例子。记者必须意识到这种新的趋势,它们可能给社会带来巨大的好处,但也可能因为算法中的基本缺陷而给社会带来危险。至少在可预见的未来,这些算法将继续由人类编写。而人类是存在偏见的,他们的偏见(特别是算法设计者和程序员的偏见)可以而且可能会被引入到算法中。

2016年,第一个由机器人评判的国际选美皇后对比测试有趣地展示了偏见是如何无意识地嵌入到看似客观和自动化的算法中的。来自100多个国家的6000份面部扫描交由5个机器人评审,这些机器人程序主要关注美的5个方面:

机器人裁判1被设定成扫描和评估面部皱纹的多少;机器人裁判2被设定成扫描和计算面部丘疹和色素沉积;机器人裁判3的评分标准是他们与同一种族模特的相似度;机器人裁判4测量面部的对称性;机器人裁判5评估了这些面孔这些面孔的实际年龄和感知年龄之间的差异。

这些机器人从不同年龄组中选出44张获胜的面孔,但只有一张黑人面孔和少数亚洲面孔入选。很明显,某种程度上种族偏见是存在的。Beauty.AI公司的首席科学家阿莱克斯·扎沃龙科夫(Alex Zhavoronkov)对于该公司开发的选美算法解释说:"主要问题是该项目用于建立吸引力标准的数据中没有包括足够多的少数族裔"(Levin,2016)。换句话说,机器人根据用于开发算法的输入数据可以判断出,皮肤白皙是美丽的重要标志。

许多民主的社会制度都有法律来确保人们可以自由地参与政府的所有活动,但与用来判断美丽的所谓客观算法相似,这些算法是隐藏在公众视线之外的,是脸书和谷歌等公司的私人财产。而如今的算法是如此的复杂,以至于对包括记者在内的局外人来说,它们可以被描述为"黑匣子"。纽约大学的科学家们成立了一个名为"AI NOW"的研究机构,致力于研究人工智能的社会影响。在2017年的报告中,他们提出了一系列旨在保护社会系统免受人工智能算法危害的建议。第一个建议是:"核心公共机构,如那些负责刑事司法、医疗、福利和教育的机构……不应该再使用'黑匣子'人工智能和算法系统"(Campolo et al.,2017)。在《人工智能现状报告》中,纽约大学的研究小组呼吁对算法的偏见进行广泛研究,为在政府决策中使用人工智能制定严格的标准,进行多学科研究,并制定相应的道德准则。

这一情况引起了国际社会对于目前人工智能算法如何做出决策缺乏透明度的广泛关注。欧洲议会议员玛利珍·沙克(Marietje Schaake)表示,在公众视线之外运行的人工智能和机器学习正日益受到质疑（Burgess，2016）。沙克呼吁"当算法影响到人权、公共价值或公共决策时"，不仅要加强对其监督并提高透明度，而且希望法治和普遍人权"融入大型科技公司的系统"。德国总理安格拉·默克尔也表达了同样的看法。

"从 2018 年夏天开始，欧盟可能要求企业向用户解释自动系统所作出的决定"（Knight，2017b）。然而，对于在决策过程中自行编程的深度学习算法来说，这种分析也许是不可能的。深层神经网络内部计算的相互作用对高层次模式识别和复杂决策至关重要，但是这些计算堪称是数学函数和变量的泥潭。麻省理工学院研究机器学习应用的教授托米·亚科拉解释了这种缺乏透明度的现象："如果你有很小的神经网络，你可能会理解它。但是当其变得非常庞大时，每层都会有数千个单元，而且有数百层，那么它会变得相当难以理解"。

因此，对记者来说，把对算法、系统动力学和相关问题的研究作为培训和报道领域的重要组成部分是至关重要的。哥伦比亚大学新闻学院在这个方向上迈出了重要一步，在新闻学和计算机科学之间设立了一个联合学位。该课程旨在让学生全面了解计算机科学的一些特殊领域与新闻实践的关系。"我们的目标是培养新一代精通计算机的记者（或精通新闻的计算机科学家），他们将重新定义我们所知的新闻业"（https://journalism.columbia.edu/journalism-computer-science#Overview）。

8. 人工智能基金的道德与治理

麻省理工学院媒体实验室和哈佛大学伯克曼克莱恩中心成立了伦理和治理基金来研究人工智能的道德伦理和治理，并计划在全球范围内启动，因为它们认识到人工智能决策算法缺乏解释性会给政府决策透明度带来危险。该基金支持跨学科研究，涉及社会科学家、伦理学家、哲学家、宗教领袖、经济学家、律师和决策者的集体见解，研究人工智能的"黑匣子"决策过程对社会带来的潜在危害。

领英的创始人里雷德·霍夫曼（Reid Hoffman）和易贝的创始人皮埃尔·奥米迪亚（Pierre Omidyar）最近向这个新基金捐赠了 2000 万美元，致力于保护和改进新闻业的 Knight 基金会也捐赠了 500 万美元用于支持旨在确保人工智能安全性的研究。Knight 基金会主席阿尔贝托·伊巴吉恩（Alberto Ibarguen）说："即使是算法也有父母,而且这些父母在编辑算法的过程中灌输了自己的价值观,我们希望通过影响结果确保对其道德行为的治理,保护多元化的社区的利益"(Hern,2017)。

分析社会制度中的决策过程是民主社会中记者的一项重要职能,它不仅有助于了解决策背后的基本原理,而且有助于使决策者对其决策作出解释。人类记者必须首先理解这些问题,然后才能提出关键的问题,例如:谁应该为人工智能算法自动做出的错误决定负责?

综上所述,想要在人工智能时代报道社会和政治系统的人类记者,必须对系统如何运作有一个基本的理解,为了这一目标,控制论概念为分析提供了一个有用的框架。根据控制论,组织和系统在不断变化的环境和社会目标中生存所需的自动过程是由算法控制的,算法本身受到人类偏见的影响,而且通常缺乏无法量化的参考信息,可能导致严重的故障并危及系统的生存。

早在1948年,维纳就在他的经典著作《控制论》中告诫说,在任何一个社会体系中,媒体所有者对权力的渴望都可能阻止该体系实现其目标。如果一个使用控制论的社会系统想实现它的目标,记者必须摆脱权力和贪婪。他说:"本书的教训之一就是,任何系统都是通过获取和传输信息的手段结合在一起的……(然而)这比其他系统更有助于社会内部稳定的系统,却直接落入了拥有权力和金钱的人们手中,我们已经看到这是社会中主要的不稳定因素之一"(Wiener,1949)。

参考文献

Angwin, J. et al. (2016). Machine Bias. ProPublica. Retrieved from: https://www.propublica.org/article/machine-bias-risk-assessments-in-criminal-sentencing.

Arab-Ogly, E. A. (1958). Applications of cybernetics in social sciences. *Problem Filosofi*, 5, 138-151.

Burgess, M. (2016). Holding AI to account: will algorithms ever be free from bias if they're created by humans? *Wired*. Retrieved from http://www.wired.co.uk/article/creating-transparent-ai-algorithms-machine-learning.

Campolo, A. et al. (2017). AI NOW 2017 Report. Retrieved from https://ainowinstitute.org/press-release https://ainowinstitute.org/AI_Now_2017_Report.pdf.

Ford, J. F. (1966). Soviet cybernetics and international development. In C. R. Dechert (Ed.), *The Social Impact of Cybernetics* (pp. 161-192). Notre Dame, IN: University of Notre Dame.

Hern, A. (2017). Tech billionaires donate $20m to fund set up to protect society from AI. *The Guardian*. Retrieved from https://www.theguardian.com/technology/2017/jan/11/linkedin-ebay-founders-reid-hoffman-pierre-omidyar-donate-research-ai-safety.

Knight, W. (2017a). Put humans at the center of AI. *MIT Technology Review*. Retrieved from https://www.technologyreview.com/s/609060/put-humans-at-the-center-of-ai/.

Knight, W. (2017b). The dark secret at the heart of AI. *MIT Technology Review*. Retrieved from https://www.technologyreview.com/s/604087/the-dark-secret-at-the-heart-of-ai/.

Krikke, J. (2017). Get ready for Chinese AI with a Confucian bias. *Asia Times*. Retrieved from http://www.atimes.com/get-ready-chinese-ai-confucian-bias/.

Kuhn, A. (1974). *The Logic of Social Systems*. San Francisco: Jossey-Bass.

Lemelshtrich Latar, N. (1990). The expression of opinions through the new electronic mass media: An Experimental and Cybernetic View. In N. Moray, W. R. Ferrell, and W. B. Rouse (Eds.), *Robotics, Control and Society* (pp. 187-202). London: Taylor & Francis.

Levin, S. (2016). A beauty contest was judged by AI and the robots didn't like dark skin. *The Guardian*. Retrieved from https://www.theguardian.com/technology/2016/sep/08/artificial-intelligence-beauty-contest-doesnt-like-black-people.

Solove, J. D. (2004). *The Digital Person: Technology and Privacy in the Information Age*. New York: New York University Press.

Weber, M. (1922/1978). *Economy and Society: An Outline of Interpretive Sociology*. Berkeley: University of California Press.

Wiener, N. (1949). *Cybernetics*. Cambridge, MA: MIT Press.

第11章 结语

诺姆·莱梅尔史萃克·拉塔尔

许多顶尖科学家声称,计算机最终将能够完成人脑所能完成的所有事情——并且只会做得更好。尽管包括比尔·盖茨、埃隆·马斯克和斯蒂芬·霍金在内的很多人,坚信人工智能比核武器更能对人类产生威胁,主要的公共和私营研究机构(如IBM、谷歌、英特尔、微软和一些领先的学术机构)仍然正在尝试设计完全模仿人脑的人工大脑。人工智能最实际、最紧迫的问题之一是:人类的工作岗位会被机器人和自动化取代吗?对于记者而言,人工智能迅速渗透到所有媒体平台,加剧了这种担忧。

本书着重讨论了以下问题：机器人记者和自动化会像一些人预测的那样取代人类记者吗？我认为，人类的新闻自由是人类和社会长期生存的基本条件。毕竟，机器人不会维护人类的言论自由，不会进行调查性的新闻报道以查明腐败和社会不公的情况，不会调查人工智能和互联网巨头的联合对政治机构和个人隐私带来的危险，也不会发现和引起公众关注那些可能危及人类生存的环境条件且令人始料不及的变化。

由于无数公共和私人组织在处理日益增加的数据时寻求更高的效率，自动化正在逐渐渗透他们的决策过程（第 10 章），甚至连新闻编辑也变得完全自动化了（第 5 章）。这种自动决策系统将抵制不符合这些组织预定目标的社会行动，导致社会不稳定。此外，此类决策过程透明度不断降低：最先进的算法采用了深度学习的方法，使得追踪自动化系统做出决策的过程变得难以实现，更不用说编写算法的程序员的偏见也夹杂其中。

人类记者必须扮演监护人这一重要的社会角色，以保护社会和人类免受人工智能和自动化带来的威胁。但是人类记者能在与机器人记者的竞争中生存下来吗？我选择通过探索人工智能是否存在极限来解释这个重要的问题，如果有极限，那么这些极限是否为人类记者和新闻业创造新的机会和新的视野。

1. 人工智能是否有极限？

在这个重要问题上有两种学派的观点：第一种学派以人工智能的创始人，如约翰·麦卡锡、赫伯特·西蒙，以及马文·明斯基（后来加入的还有雷·库兹韦尔和诺贝尔奖得主丹尼尔·卡内曼）为代表，他们预言人工智能是没有极限的。第二种学派包括约翰·塞尔和玛格丽特·博登等顶尖科学家，他们声称：因为目前的计算机硬件结构由简单的电子逻辑电路组成，人工智能算法不可能发展出意识、潜意识或者情绪。就像博登和安德烈亚森（第 2 章）所声称的那样，计算机也不能发展出对高创造力至关重要的非理性行为。这些对于人工智能的限制使得人类记者在发展和应用高水平创造力方面具有明显优势，这种高水平创造力被博登称之为"转型的创造力"，这种创造力将转变成新的意想不到的轨迹。谷歌 Magenta 人工智能项目的道格拉斯·艾克关注博登的组合性、探索性和转换性创造力的层次结构。在 2017 年 9 月的一次采访中，艾克表示："我认为，机器学习算法不太可能会出现并产生艺术创作的一些变革性方法。我认为使用这种技术的人类可能能够做到这一点……我们离人工智能真正感知世界还有很远距离。"(Metz,2017)。作家兼程序员萨默斯同意艾克的观点,其将目前最先进的人工智能工具深度学习描述为"一板斧",因为其只是以浅显的方式模仿人类大脑。他认为人工智能的最新进展更多在于工程上的进步而不是科学(Somers,2017)。

在文献中,人工智能分为三个层次:狭义人工智能、通用人工智能和超级人工智能。目前最先进的狭义人工智能是指能够执行单一任务的算法,但无法集成来自其他领域活动的人工智能算法;通用人工智能将能够跨概念领域处理信息,因此类似于人类智能;而超级人工智能是未来人工智能的总称,有望在所有活动领域超越人类大脑的创造力,预示着库兹韦尔奇点时代的到来(第2章)。

经过 70 年的研究,目前的人工智能水平仅限于狭义人工智能。斯坦福大学人工智能实验室主任兼谷歌云首席科学家李飞飞描述了当前的技术状态:"如果你看看我们在人工智能方面的进展,我会说这是模式识别的伟大胜利。人工智能非常注重任务,缺乏语境意识和人类灵活的学习能力。(引用自 Knight,2017)"麻省理工学院大脑实验室神经学家博吉奥(Poggio)认为我们离通用人工智能阶段还很远,"没人知道如何创造出像人类一样将能够跨概念领域处理信息的通用人工智能,你无法通过结合现有的游戏程序或图像分类程序做到这一点……我个人认为智能问题是科学中最大的问题。(Regalado,2017)"

然而,通用人工智能目前仍超出我们的掌握范围,这一事实凸显了人类大脑相对于人工大脑具有重要竞争优势(第2章)。只有人类记者可以通过将事实和故事置于有意义的背景中,从而超越对数据中理性模式的检测。

人类记者的另一个重要机遇还体现在记者报道的平台和技术的不断发展,以及各年龄段媒体行为的迅速变化(第6章)。目前,大多数机器人记者公司都专注于文本叙事的自动化生成,但安纳夫和利普森、加利尔,以及弗里德曼和科岑在他们各自的领域,证明了新型新闻报道已经日益成为新技术的复杂融合,包括 VR、AR、360°视频,以及色拉布和 Vine 等新的应用。新的报道中文本的占比逐渐降低、视频和消费者互动的形式在不断增多。机器人当前的能力无法满足不断地对新技术和应用程序进行探索,并能够以复杂的方式集成新的视觉技术和应用程序。

2. 机器人新闻时代的人类记者指南

人工智能为人类记者提供了大量工具，极大地提高了报道的深度、技术和方式。这些工具还可以使记者的报道以最吸引人的形式到达预期的目标受众手中。

生活在大数据时代，我们的手机或嵌入在我们周围物体中的传感器不断记录着我们的所作所为：关于我们的无穷无尽的数据被存储在数据竖井中。因此，社会研究将更少地依赖于人们在调查中所说的话，而更多地依赖于人们的实际行为，这意味着社会科学研究将发生重大转变。人工智能算法正在数据仓库中不断地"爬取"，以发现新的社会趋势和现象。机器人能够从这些数据中发现数不清的模式，而人类记者则能有效利用人工智能提供的强大的新型工具，结合包括情绪、价值观以及与背景相关的信息，提出一些涉及不可量化的人类经验的重要问题（第2章）。关于战争新闻报道的章节展示了人类记者如何有效地利用尖端和创新的人工智能（第8章）。

想要在人工智能时代报道社会和政治系统的人类记者必须对系统如何运作有一个基本的理解，为了这一目标，控制论概念为分析提供了一个有用的框架。根据控制论，组织和系统在不断变化的环境和社会目标中生存所需的自动过程是由算法控制的，算法本身受到人类偏见的影响，而且通常缺乏无法量化的参考信息，可能导致严重的故障并危及系统的生存——然而，我们难以追踪决策的形成过程。此外，并非所有对人类社会重要的现象都可以量化，因此这些现象将会被自动化过程所忽略。记者必须意识到这些自动化的严重缺陷。

人工智能算法催生了亚马逊、脸书、微软和谷歌等互联网巨头，这些公司拥有无限的数据，其中储存着社会上每一个公民的信息，他们有潜力变得比政府更强大。保护民主不受其巨大力量影响的唯一方法是加强监管并提高其透明度。言论自由的新闻报道将在这方面起到至关重要的作用：人类记者必须意识到并让他们的读者意识到，这些无形的算法对人们所产生的威胁。

3. 人工智能对记者言论自由的危害

雇佣人类记者的媒体机构能够实时评估他们雇佣的每一位记者的ROI（投资

回报率),以及他们的报道对观众的影响,例如通过查看读者对每篇报道内容"喜欢"或"不喜欢"的数量,或是与特定新闻报道相邻广告的读者购买行为。媒体公司可以利用这些信息向记者施加压力,要求他们调整报道的内容,以提高投资回报率。

数字信息的兴起表明,即使报道仍在创作中,记者自己也将能够模拟和衡量他们报道的内容和方式如何影响观众和其他利益相关者。媒体消费者的数字信息和广告商等利益相关者,将为希望提高其投资回报率和报道吸引力的人类记者带来巨大的诱惑和道德伦理的挑战。

在追求效率和防止信息超载导致崩溃的大数据时代,社会组织迅速地全盘接受了人工智能算法和自动化,由于这些算法的复杂性和数字企业集团日益强大的实力,此举无意中创造了潜在的威胁,虽然这些影响暂时是隐形的,让公众意识到这些危险是人类记者的独特任务。然而,为了填补这一角色,并在与机器人的竞争中生存下来,人类记者必须了解新媒体生态系统和人工智能的局限性。他们应当利用新兴的人工智能工具和应用程序作为对自己赋能的工具,并提高其制作创新性媒体内容的技能,以迎合消费者不断变化的媒体消费偏好。本书的目的就是帮助人类记者向人工智能时代过渡。

参考文献

Knight,W. (2017). The dark secret at the heart of AI. *MIT Technology Review*. Retrieved from https://www.technologyreview.com/s/604087/the-dark-secret-at-the-heart-of-ai/.

Metz,C. (2017). How A.I. is creating building blocks to reshape music and art. *The New York Times*. Retrieved from https://www.nytimes.com/2017/08/14/arts/design/google-howai-creates-new-music-and-new-artists-project-magenta.html?_r=0.

Regalado,A. (2017). Despite all our fancy AI,solving intelligence remains the greatest problem in science. *Technology Review*, Nov 7 2017. Retrieved from https://www.technologyreview.com/s/609330/despite-all-of-our-fancy-ai-solving-intelligence-remainsthe-greatest-problem-inscience/.

Somers,J. (2017). Is AI riding a one-trick pony? *MIT Technology Review*. Retrieved from https://www.technologyreview.com/s/608911/is-ai-riding-a-one-trick-pony/.